여몽연합군의 일본 정벌

여몽연합군의 일본 정벌

저자_ 정순태

1판 1쇄 인쇄_ 2007. 2. 13.
1판 1쇄 발행_ 2007. 2. 20.

발행처_ 김영사
발행인_ 박은주

등록번호_ 제406-2003-036호
등록일자_ 1979. 5. 17.

경기도 파주시 교하읍 문발리 출판단지 515-1  우편번호 413-756
마케팅부 031)955-3100, 편집부 031)955-3250, 팩시밀리 031)955-3111

값은 표지에 있습니다.
ISBN  978-89-349-2437-1 04900
      978-89-349-2158-5 (세트)

독자의견 전화_ 031) 955-3104
홈페이지_ http://www.gimmyoung.com
이메일_ bestbook@gimmyoung.com

좋은 독자가 좋은 책을 만듭니다.
김영사는 독자 여러분의 의견에 항상 귀 기울이고 있습니다.

표정있는역사

여몽연합군의
일본 정벌

정순태 지음

김영사

# 일본은 '신의 나라' 인가

연속 사격이 가능한 총포가 전쟁사에 등장하기 전인 13세기는 말 잘 타고 활 잘 쏘는 기마 유목민족의 전성기였다. 몽골족의 세력이 급속히 성장한 것은 1206년 칭기즈칸이란 걸물이 등장해 몽골고원의 여러 부족들을 통일하고부터다.

1234년, 몽골군은 여진족이 세운 금(金)을 멸망시키고 중국 대륙의 북반부를 차지했다. 이어 중앙아시아를 휩쓸고, 이슬람제국과 러시아를 정복한 후 1241년에는 발슈타트 전투에서 유럽제국의 연합군을 짓밟는 등 당시 문명 세계의 3분의 2를 석권했다.

유라시아 대륙 동쪽 끝에 위치한 고려도 1231년부터 1259년까지 29년 동안 무려 일곱 차례에 걸친 몽골군의 침공을 받고 강화도를 피난 수도로 삼아 끈질기게 항전했으며, 육지에서도 1231년 9월과 11월의 귀주성(龜州城) 전투, 1232년 12월 처인성(處仁城) 전투, 1235년 9월 죽주성(竹州城) 전투 등의 수성전(守城戰)에서 몽골군의 사나운 예봉을 잠시 꺾기도 했다.

그러나 백성과 국토의 대부분이 몽골군의 말발굽에 짓밟히는 상황에서 지배층만 섬 안에 들어가 전개하는 장기 항전은 국익의 차원으로 보면 결코 득책(得策)이 될 수 없다는 현실론이 대두됐다.

특히 몽골의 정동원수 자랄타이가 전국을 휩쓸고 다닌 1254년(고종 41)의 제5차 침입 때 고려가 받은 피해는 그 어느 때보다 심각했다. 『고려사』는 당시의 참상을 포로가 20만 6,800명, 살상자가 부지기수라고 기록하고 있다.

　고려 정부는 몽골제국에 화친을 제의하고 1270년 항몽(抗蒙) 기지 강화도를 떠나 개경으로 환도하는 굴복노선을 선택해 민족의 파멸은 모면했다. 강화도로 천도한 지 39년 만의 일이다.

　그러나 무신정권의 주력부대였던 삼별초는 고려 국왕의 굴복노선에 반기를 들고 진도와 제주도로 옮겨가며 3년간 해상 게릴라전을 전개하면서 최후까지 고려 무인의 기개를 지켰다. 어떻든 40여 년에 걸친 고려 정부와 삼별초의 항전은 몽골의 제5대 칸 쿠빌라이의 해양제국 구상에 결정적 타격을 가했다는 점에서 그 세계사적 의미는 결코 가볍지 않다.

　이상의 약술이 몽골의 정복사이며, 여몽연합군이 시도한 일본 원정의 전사(前史)이다. 그 후의 역사 전개를 보면 1274년과 1281년, 여몽연합군의 일본 정벌은 모두 실패로 끝났다. 이후 일본 사람들에게 여몽연합군의 함대를 침몰시킨 태풍은 '가미카제(神風)'라 불렸고, 가미카제는 또 '신국일본(神國日本)'이라는 국수주의를 낳게 된다.

　이 글은 2004년 《월간 조선》에 연재된 현장답사 기사 「여몽연합군의 일본 원정」을 단행본 체제에 맞게 보완한 것이다. 이 글을 '표정있는역사'의 한 권으로 묶어준 김영사 박은주 대표이사와 편집부, 그리고 2회에 걸쳐 일본과 몽골 현장을 취재한 사진작가 권태균 씨에게 감사의 말씀을 드린다.

2007년 2월 정순태

고려, 일본 원정을 떠나다

　고려가 몽골과 연합해 1274년과 1281년의 두 차례에 걸쳐 일본 원정을 단행한 역사적 사실을 우리는 어떻게 평가해야 할 것인가. 우리 학계는 그것이 몽골의 주도로 감행되었다는 점에서 기인된 찜찜함 때문인지, 아직 확실한 역사적 평가를 하지 못하고 있다.

　일본인들은 그때의 여몽연합군을 원나라 도둑놈, 즉 '원구(元寇)'라고 부른다. 이런 표현에서 원의 복속국인 고려는 교전 상대도 아니라는 일본인의 오만함도 엿보인다. 그야 어떻든 당시 일본에서는 "무쿠리(몽골) 고쿠리(고려)가 온다"고 하면 우는 아이도 울음을 뚝 그칠 만큼 공포의 대상이 되었다는 얘기는 지금도 회자된다. 일본 국수주의의 산실인 신사(神社)에는 '적국항복(敵國降伏)'이라는 당시 덴노(天皇)의 친필 편액이 아직도 나붙어 있다.

　한일관계사를 되돌아보면 일본인에게 과연 그런 역사인식이나 언표(言表)가 떳떳한 것인지는 종시 의문이다. 『삼국사기』에 따르면 왜(倭)는 한반도의 삼국시대에 유독 신라를 자주 침략했다. 첫 침략의 시기는 기원전 50년에 해당하는 혁거세 거서간(赫居世 居西干) 8년이었다. 당시의 왜가 일본열도에서 바다를 건너온 왜인(倭人)인지, 일본열도로 이민하기 전에 신라 국경 근처에 머물고 있었던 왜인인지는 확실하지 않다.

　이후 왜군은 가야군·백제군과 연합하든지, 혹은 단독으로 신라를 침략해 때로는 서라벌을 포위하기도 했다. 특히, 신라가 우리 민족 최초의 통일국가를 이룩하기 직전의 시기에 왜군은 매우 성

가신 방해세력으로 등장했다. 그 결과가 3만 명의 왜군이 나당연합군에게 궤멸한 663년 8월의 백촌강(白村江)전투였다.

백촌강전투 패전 직후 덴지(天智)조의 왜국은 예상되는 나당연합군의 보복공격에 전전긍긍했다. 그때 왜국은 수도권을 향한 접근로인 쓰시마 섬-이키 섬-기타큐슈-세토나이카이(瀨戸內海) 연안 요충에 산성을 축조하는가 하면 수도를 내륙 쪽 오미(近江)로 옮기기까지 했다.

왜국으로서는 다행하게도 고구려 패망(668) 후 신라와 당(唐)은 전후처리문제로 7년전쟁을 벌였다. 이때 신라와 당은 서로 왜국을 자기 진영에 끌어들이려는 공작을 벌였기 때문에 왜국은 존망의 위기에서 벗어났다. 나당 7년전쟁에서 신라가 승리함으로써 오늘날과 거의 같은 한·중·일 3국의 판도가 성립되었다.

통일신라시대 이후 수백 년간 잠잠했던 왜구가 다시 한반도에서 준동하기 시작한 것은 북방 기마민족과의 긴장관계로 해방(海防)이 소홀해진 고려 중기 이후였다. 이로부터 조선 초기에 이르는 동안, 왜구는 한반도와 중국 연안을 무대로 인명을 해치고 재산을 약탈했다. 특히 고려가 몽골군의 30년간에 걸친 침략에 의해 시달리고 있던 고종(高宗)·원종(元宗) 때 왜구의 노략질은 등 뒤를 노리는 비수였다. 이런 맥락에서 고려군의 일본 본토 정벌은 적어도 고려로선 불가피한 자구책(自救策)이었다.

결과부터 말하면, 여몽연합군의 제1차·제2차 일본 정벌은 태풍이란 천재지변으로 인해 실패로 끝났다. 다만, 그때 쓰시마 섬·이키 섬·마쓰우라반도(지금의 규슈 사가현)를 강타했던 것은 왜구의 3대 소굴에 본때를 보였다는 점에서 의미 있는 일이었다.

그러나 여몽연합군의 일본 정벌 실패 후 왜구의 노략질은 더욱 악질화하여, 공민왕 때 이르러서는 한반도 동·서 연안뿐만 아니라 깊은 내륙까지 침범했고, 심지어는 강화도·교동도·예성강 어귀까지 출몰해 개경(開京)의 치안을 위협했다. 이런 차원에서 보면 여몽연합군의 일본 정벌 실패는 한국사의 전개에 있어 심대한 장애요소가 되었다.

왜구문제는 동아시아의 두통거리였다. 왜구는 일본사회의 변동으로 몰락한 사무라이들이 주류를 이루었다. 고려에서는 무로마치막부에 사자를 보내 왜구의 단속을 요구했지만, 아무런 효과가 없었다. 무로마치 막부는 여몽연합군과의 전쟁 직후 경제기반의 붕괴로 몰락한 가마쿠라 막부를 대신해 성립된 무사정권이지만, 그 통치력은 일본열도 전체에 미치지 못했다.

왜구와의 싸움에서 누구보다 큰 공을 세운 인물은 화포와 화약을 개발·발명해 왜선 500척을 격파한 최무선(崔茂宣 : ?~1395)이었다. 그러나 시도 때도 없는 게릴라 전술로 침범하는 왜구를 포착·섬멸하는 일은 그렇게 용이한 것이 아니었다.

공격이 가장 효율적인 방어책이란 차원에서 고려는 왜구의 전진기지인 쓰시마 섬을 공격했다. 1399년(공양왕 원년) 경상도도순무사 박위(朴葳)는 병선 100척으로 쓰시마 섬을 공격, 왜선 300척을 불사르고 납치되어 가 있던 남녀 100명을 구출해 왔다.

그러나 고려왕조는 이미 2차에 걸친 일본 원정의 기지로서 과중한 부담과 왜구의 잦은 내습에 의한 경제파탄에 빠져 있었다. 왜구 토벌작전으로 출세의 길에 들어섰던 무장 이성계(李成桂)는 위화도 회군이란 쿠데타로 정권을 장악한 데 이어 고려왕조를 대신해 조선왕조를 개창했다(1392). 1396년(태조 5) 12월, 5도병마처치사 김사형(金士衡)이 왕명으로 대마도를 쳤지만, 큰 전과를 올리지는 못했다.

1418년(태종 18), 흉년이 들어 식량난을 겪던 왜구가 대거 명(明)나라 연안으로 향해하던 도중에 우리나라 서해안의 비인·해주를 공격해 식량을 약탈해 갔다. 1419년(세종 원년) 6월, 왕위를 아들에게 물려주고 난 뒤에도 병권만은 장악하고 있던 상왕(上王) 태종의 명으로 삼군도체찰사 이종무(李宗茂)가 병선 227척, 병사 1만 7,000명을 이끌고 마산포를 출발해 쓰시마 섬으로 진격했다. 당시 막부가 규슈의 영주들을 총동원해 쓰시마 섬을 방어, 원정군은 전도(全島)의 토멸을 기할 수 없었으나 일정한 타격을 가하고 회군했다.

쓰시마 섬 정벌 이후 조선조는 왜구에 대한 강경책에 한계를 느끼고 회유책을 구사했다. 이후 조선국왕은 쓰시마 도주에게 벼슬과 도서(圖書 : 문서에 사용하는 구리 도장)를 내려 해적선과 무역선을 구별하고, 일정량의 쌀을 원조했다.

그러나 이같이 '돈'을 주고 평화를 구하는 방식은 왜구 문제의 근본적인 해결책이 될 수 없었다. 왜구는 여전히 약탈을 계속하다가 3포왜란 때 우리 수군의 진영을 습격하기도 했다. 조정에서는 사건이 있을 때에만 다소의 논의를 했을 뿐 발본색원의 대책을 강구하지 않고 있다가 전후 두 차례에 걸쳐 30만 명의 왜군이 침략했던 임진왜란이 일어나 전국이 초토화되는 타격을 받았다.

이런 맥락에서 보면 여몽연합군의 일본 정벌 실패는 한국사, 나아가 동아시아사의 결정적 순간이었다. 1차 원정 때인 1274년 10월 20일, 여몽연합군 지휘부의 작전회의에서 고려 장수 김방경(金方慶)은 이날 주간 상륙전의 승세를 몰아 하카타 연안에 배수진(背水陣)을 치고 계속 공략한다면 반드시 이긴다고 강조했지만, 몽골 장수들은 피곤한 군사를 몰아 적지 깊숙이 들어갈 수 없다고 반대했다.

결국, 여몽연합군은 몽골 장수들의 계책대로 하카타 만으로 귀함(歸艦)했다. 그러나 그날 심야에 몰아친 큰 폭풍우로 인해 연합함대가 침몰·파손되었고 여몽연합군은 전투력을 상실한 채 회군하고 말았다.

그로부터 7년 후인 1281년의 제2차 원정 때는 강남군(江南軍 : 패망한 남송의 항병으로 구성된 수군)이 군기(軍期)를 어겨 연합작전을 전개하지 못한 채 또다시 불어온 태풍으로 궤멸적 타격을 입고 말았다.

그래도 1·2차 원정에서 고려군은 선전을 했다. 1차 원정 때 김방경의 계책에 따라 규슈의 최후 거점 다자이후(大宰府)로 후퇴한 일본군을 계속 밀어붙이기만 했다면 전술·무기체계에서 절대 우세했던 여몽연합군은 어렵지 않게 다자이후를 함락했을 것이다.

만약 그때 다자이후가 무너졌다면 일본의 역사 전개는 크게 달라졌을 것이다. 당시 일본의 국내 정치상황을 미루어 보면 일본의 무가(武家)정권은 적전분열(敵前分裂) 때문에 자멸할 가능성이 높았다. 그랬다면 그것은 왜구의 오랜 해코지에 대한 응징이었으며, 향후의 동아시아세계의 평화를 담보하는 예방전쟁이 될 수도 있었다.

군사를 써야 할 때 제대로 쓰지 못하는 국가는 당연히 번영할 수 없다. 일본에게 교훈을 주지 못한 결과가 임진왜란으로, 일본의 한반도 강점으로 나타났다. 이런 맥락에서 고려가 몽골과 연합해 일본을 쳤다는 사실은 우리에게 결코 과소평가될 역사적 사건이 될 수 없다.

그럼에도 불구하고 우리 학계에서 여몽연합군의 일본원정을 평가하지 않는 것은 그것이 패전으로 끝났다는 점에서보다 몽골의 강요에 의해 종속적으로 참전했다는 점에 대한 껄끄러움 때문일 것이다. 하지만 그것은 당시의 현실을 간과한 단견(短見)이다.

13세기의 몽골은 문명세계의 60퍼센트를 점령했던 세계 최강국이었다. 그들의 전기(戰技)·병참(兵站)은 탁월했다. 말 잘 타고, 활을 잘 쏘는 데다 당시의 최고 선진지역인 이슬람세계를 정복해 화약병기도 장비했다.

몽골의 세계정복은 모두 피정복국과 연합군을 형성해 전개되었다. 인구가 200만 명도 되지 않았던 몽골로서는 불가피한 일이었다. 대륙과 접한 고려가 이런 몽골에 굴복해 연합했다는 것 역시 비난받을 일이 아니었다.

고려가 세계 최강 몽골군에 대해 40년간 항쟁했다는 점은 몽골 정복사상 유례가 없는 일이었다. 몽골군은 고려의 피난수도 강화도를 군사적으로 제압하지 못했다. 고려 조정으로는 오히려 유리한 시점에 유리한 조건으로 몽골과 강화했다고 볼 수 있다.

더구나 고려조정이 몽골에 굴복해 개경으로 환도한 이후에도 조정의 노선에 반대한 삼별초(三別抄)는 진도·제주도에 기지를 두고 3년간 처절한 항몽전쟁을 전개했다. 여몽연합군은 삼별초의 항쟁을 진압한 후에야 일본 원정에 나설 수 있었다. 이런 점에서 판단하면 고려왕조나 삼별초는 일본사상 최대의 국란을 40여 년이나 유예시켜 대비케 한 든든한 방파제 역할을 했던 셈이다.

그럼에도 불구하고 여몽연합군의 일본원정이 일본 국수주의와 대한(對韓)멸시사상의 자궁(子宮)이 되었던 것은 역사의 아이러니이다. 그때 일본을 멸망의 위기에서 구해 준 태풍을 가미가제(神風)로 미화하고 '일본 불패(不敗)'나 '일본신국'을 맹신했던 군국주의 일본은 한반도를 강점한 데 이어 만주에 괴뢰국을 세우고 중

일전쟁을 도발하더니만 끝내 태평양전쟁에서 패전했다.

　패전 후, 일본은 한동안 배가 고팠지만 한국전쟁 기간에 전시물자 생산으로 급속한 부흥을 이룩했다. 이후 일본은 특유의 부지런함과 장인(匠人)정신에 힘입어 오늘날 세계 제2의 경제대국으로 성장했다.

　이런 성취에 자신감을 되찾은 일본은 한일관계사를 왜곡하는가 하면 군국주의 일본이 국민적 성전(聖殿)으로 둔갑시킨 야스쿠니(靖國)신사의 현직 수상 참배 문제를 일으키는 등 이웃나라를 긴장시켜 왔다. 여몽연합군의 일본 정벌에 대한 역사적 재평가가 필요한 이유는 그것이 일본인의 대한(對韓)멸시사상과 복수심을 잉태한 출발점이기 때문이다.

# 몽골의 예봉을 꺾은 삼별초의 항쟁

초원의 북풍을 등지고 남하한 몽골의 기마군단은 유라시아 대륙 동쪽 끝의 나라 고려를 초토화시켰다. 포악한 몽골군은 "저항하는 자, 죽여라 또 죽여라"는 군호(軍號)를 외치며 굴복을 강요했지만 고려의 임시수도 강화도 공략에는 끝내 실패했다.

폭 1킬로미터짜리 강화해협을 사이에 두고 전개한 39년간의 끈질긴 항쟁, 그러나 본토 백성들의 일방적인 출혈로 가능했던 것이라면 과연 그것이 역사적 자랑거리일 수만 있겠는가? 결국 고려 국왕 원종(元宗)은 평화노선을 선택해 육지로 나오기로 결심했다. 반면 삼별초(三別抄)는 국왕의 굴복노선에 반기를 들고 남하해 진도·제주도를 근거지로 삼아 최후의 순간까지 고려 무인의 자존심을 지켰다.

대몽골 강·온 전략 중 무엇이 국익에 더 도움이 되었는지는 논점에 따라 달라질 수 있다. 고려 정부는 39년의 저항 끝에 현실론을 취해 굴복했지만 민족적 생존을 이어갔다. 반면 삼별초는 반역의 깃발을 들었지만 해양제국까지 건설하려 했던 쿠빌라이 대칸(大汗)의 야망을 꺾는 데 결정적 역할을 했다. 유라시아 대륙 60퍼센트를 석권했던 몽골군도 끝내 극복할 수 없었던 해양 공포증, 그것은 고려인들의 저항에 기인한 것이었다.

## 삼별초의 대몽 항쟁이 지닌 세계사적 의미

"몽골군이 대거 침략하여 인민을 살육하니 무릇 나라를 돕고자 하는 사람은 모두 구정(毬庭 : 축구장)에 모여라!"

위의 인용문은 『고려사(高麗史)』 열전 권43에 기록된 삼별초의 지도자 배중손(裵仲孫)의 말이다. 이 짧은 선동 연설이야말로 유라시아 대륙에 걸친 '팍스 몽골리카나(몽골에 의한 세계 지배체제)'에 이어 해양제국까지 건설하려 했던 몽골의 야심을 꺾는 데 결정적 역할을 했다는 점에서 세계사적 의미를 지니고 있다.

삼별초는 최(崔)씨 무인정권 때 설치된 특수조직의 군대 명칭이다. 이 특수부대는 이후 권신(權臣)들의 손발이 되어 정권 투쟁의 사병(私兵) 집단으로 이용되기도 했지만 외적에 대항하는 방위군으로도 활약했다.

우선, 배중손의 선동 연설은 삼별초 항쟁의 방아쇠가 되었다. 이후 삼별초는 전라남도 진도에 신(新)정부를 세우고 3년 동안 해상 게릴라 활동을 전개하면서 몽골 주둔군을 기습하고 전선(戰船)을 불태우는 등 일본 원정을 방해했다.

역사에서 '만약'은 부질없는 가상이지만 3년간에 걸친 삼별초의 항쟁이 없었더라면 몽골군의 제1차 일본 원정은 적어도 3년 앞서 결행되었을 것이다. 여몽연합군의 제1차 일본 원정이 3년 앞선 1271년 어느 날에 결행되었다면 과연 1274년 10월처럼 태풍 때문에 여몽연합군의 함대가 대거 침몰했을까? 그럴 가능성도 있었겠지만 태풍이 부는 시기는 거의 일정하기 때문에 확률은 낮았을 것이다.

어떻든 그때 일본을 멸망의 위기에서 구한 태풍을 일본 사람들은 '가미카제(神風)'라고 부른다. 가미카제는 '일본 불패'라는 신화를 낳더니만 드디어 군국주의(軍國主義) 일본에 의해 악용되어 태평양전쟁 말기엔 일본기가 미군의 함대에 박치기하는 '가미카제 특공대'까지 등장했다. 납치한 여객기로 뉴욕의 세계무역센터를 박치기한 '9·11테러'의 원조(元祖)라고 할 만하다.

삼별초의 게릴라전에 의한 일본 원정의 지연. 역사는 참으로 아이러니하다. 태풍을 만나 함대가 결딴나지만 않았더라면 여몽연합군은 일본 상륙작전에 성공했을 터이다.

1270년 전후만 해도 일본을 실질적으로 지배했던 가마쿠라(鎌倉) 막부는 내부 권력투쟁에만 골몰하고 있었다. 여몽연합군이 하카타(博多) 항에 상륙해 조금만 밀어붙였다면 규슈(九州)는 물론 교토(京都)를 포함한 서부 일본까지는 점령할 수 있었을 것이다. 이로 인해 당시 일본의 사무라이 정권인 가마쿠라 막부가 무너지고, 경우에 따라선 일본 열도 전체가 몽골의 식민지가 되었을지 모른다. 그랬다면 그 후 일본사는 전혀 다른 방향으로 전개되었을 것이다.

1281년에 감행된 여몽 함대의 제2차 일본 원정도 윤 7월의 태풍 때문에 역시 실패했다. 태풍이 불지 않았거나 설사 불었더라도 그 규모가 작았다면 결과는 어찌되었을까?

삼별초의 반란에 가담했거나 협조적이었던 남해안 일대의 조선 및 항해 기술자와 노동자들은 몽골군에 끌려가 일본 원정을 위한 병선(兵船) 건조에 동원되었고, 일본 원정 때는 뱃사공이나 허드렛일을 맡은 뱃사람으로 종군했다. 몽골군에게 비협조적이었던 그들은 선박 건조 당시 이미 작업에 열의가 없었다. 만약 그들이 태업을 하지 않았더라면 여몽 함대의 출항 날짜가 앞당겨져 연합군은 순풍을 타고 규슈에 상륙, 일본 국토를 유린했을지 모른다.

두 차례의 일본 원정에 실패한 몽골군은 이후 참파(지금의 베트남 남부를 지배하던 왕국) 원정, 자바(현재 인도네시아의 수도 자카르타가 소재한 섬) 원정 등 해로를 통한 침략전쟁에서 모두 실패했다. 몽골이 만약 일본 원정에 성공했다면 해양 공포증을 극복하고 세계의 바다를 지배하지 않았을까? 세조(世祖) 쿠빌라이의 소원은 육지와 바다를 아우르는 세계제국(世界帝國) 건설이었다. 그랬다면 세계사는 전혀 다르게 씌어졌을 터이다.

당시 문명세계의 육지 중 60퍼센트를 석권했던 몽골도 바다의 지배자가 되는 데는 무참하게 실패하고 말았다. 이러한 쿠빌라이의 실패는 배중손의 선동 연설에 이은 삼별초의 거센 저항에서 비롯되었다고 할 수 있다.

## 고려와 몽골의 초기 외교 관계

고려 제20대 임금 신종(神宗) 때, 오랜 세월 동안 요(遼)나라와 금(金)나라에 차례로 예속되어 살아왔던 몽골족 중에 테무친이란 영걸이 초원의 불길처럼 일어나 주위 여러 부족들을 복속시켰다. 1206년(고려 희종 2)에 이르러 그는 대칸(大汗)의 지위에 올라 사방을 침략했으니, 그가 바로 세계 역사상 최대의 판도 위에 군림한 칭기즈칸이다.

고려는 칭기즈칸 시대에 이미 몽골과 외교적 교섭을 하고 있었다. 당시는 세계사에 유례없는 대정복의 시기였다. 말 잘 타고 활 잘 쏘는 유목민족의 절정기였던 것이다.

　당시 동아시아의 정세도 파란의 연속이었다. 몽골군이 여진족의 금나라를 침략하여 황하(黃河) 이북의 중원 땅을 마구 휩쓸고 다니자 금의 세력은 급격히 기울었다. 이 틈을 타 금에 복속되어 있던 거란족이 대요수국(大遼收國)을 세워 자립하려다 몽골군에 쫓겨 동쪽으로 이동해왔다.

　1216년(고종 3)에는 흑거란(黑契丹)이 몽골군에 쫓겨 만주에서 압록강을 건너 고려 영토에 난입했다. 그들은 고려 북부 지역을 약탈하면서 수도 개경까지 위협했다. 고려 조정에서는 참지정사(參知政事 : 종2품 벼슬) 정숙첨(鄭叔瞻)을 행영중군원수(行營中軍元帥)로 삼아 토벌에 나섰으나 결정적인 전과를 올리지 못했다.

　이런 상황에서 몽골군이 거란족 군단을 추격해왔다. 마침 큰 눈이 내려 수송로가 막히자 몽골군은 고려의 서북면원수(西北面元帥) 조충(趙冲)에게 군량 지원을 요청했다. 조충은 정병 1,000명과 쌀 1,000석을 몽골군에 보내고, 이듬해 1월 직접 군사를 이끌고 가서 몽골군과 연합하여 거란 군단이 농성하던 강동성(江東城)을 탈환했다.

　이때까지만 해도 양국 관계는 겉으론 그런대로 좋았다. 물론 고려로서는 사납기만 한 '푸른 젖빛 이리의 후손' 몽골족과의 교섭이 달가울 리 없었지만 힘의 차이로 화호(和好)가 불가피했다. 문제는 그 후 그들이 요구하는 공물(貢物)의 규모가 해가 갈수록 증가하는 데 있었다.

원래 고려는 요와 금에 조공(朝貢)을 했지만 상대국으로부터 그에 상응하는 물품을 공급받았던 만큼 경제적 손실은 없었다. 이른바 조공무역(朝貢貿易)인데, 이것은 상호 간의 필요에 의해 진행된 당시 국제무역의 한 형태였다.

그러나 '초원의 깡패 국가' 몽골은 주는 것 없이 일방적인 수탈만

칭기즈칸 동서양에 걸친 대제국을 건설한 칭키즈칸의 초상.

을 감행했다. 몽골 사신들의 횡포도 극심했다. 공물이 마음에 들지 않으면 고려 국왕의 면전에서 그것을 냅다 집어던지기까지 했다. 바로 그 장본인인 제구유라는 몽골 사신이 1225년 귀국 도중 압록 강변에서 누군가에게 살해되었다.

범인은 끝내 밝혀지지 않았지만 몽골 측은 그 책임을 고려 정부에 물었다. 몽골은 이 사건을 구실로 삼아 고려를 침공했다. 고려 고종 18년, 몽골의 제2대 대칸인 태종(太宗) 우구데이(칭기즈칸의 셋째아들, 오고타이로 알려져 있다)의 즉위 3년째인 1231년의 일이었다.

## 29년간 7차례에 걸친 침략

이후 1259년까지 29년간 무려 7차례에 걸친 몽골군의 침략에 의해 섬을 제외한 고려 전 국토는 철저히 유린되었다. 경주의 황룡사 9층탑이 불탄 것도 바로 이때의 일이다. 당시 고려 국왕은 고종이었다.

1231년(고종 18)에 시작된 제1차 고려 침략에서 몽골군의 지휘관은 살리타였다. 살리타는 몽골군을 이끌고 압록강을 건너 도성 개경을 포위하고, 다시 남하해 광주(廣州)·충주(忠州)·청주(淸州)를 공격했다. 고려는 몽골에 막대한 공물을 바친 다음에야 강화를 맺을 수 있었다.

몽골 측은 고려 서북부에 다루가치 72명을 남겨놓고 1232년 1월에 철군했다. 다루가치는 '우두머리' 라는 뜻의 몽골어로, 몽골의 점령 지역에 파견되었던 민정(民政) 감독관이다.

이어 도단(都旦)이라는 자가 다루가치의 최고책임자로 개경에 부임하여 고려 정부에 수달피 1,000령(領)과 왕공귀인(王公貴人)의 동남(童男)·동녀(童女) 각 500명 및 각종 기술자의 차출을 요구했다. 고려 정부는 이에 불응하면서 우구데이에게 진정서를 휴대한 사자(使者)를 보냈는데, 이 사자는 우구데이를 만나기도 전에 고려 국경을 장악하고 있던 살리타에게 구금되었다. 자신의 '머리 위로' 시도된 진정서 건에 화가 난 도단은 고려의 관련 관리들을 무참하게 때려죽였다.

이때 고려의 실권을 장악하고 있던 인물은 최씨 무인정권의 2대 집권자인 최우(崔瑀)였다. 최우는 몽골과 단교하고 강화도 천도를 강행하면서 다루가치들의 목을 모두 베어버렸다. 1232년(고종 19), 천도와 더불어 최우는 지방 주민들에게 산성(山城)이나 섬으로 피난하도록 명했다.

고려가 항전 의지를 분명히 드러내자 우구데이는 살리타가 이끄는 몽골군에게 고려 북부 장악을 명령하고, 사자를 강화도에 보내 출륙(出陸 : 수도를 강화도에서 개경으로 다시 옮김)을 요구했다. 그러나 최씨 무인정권은 출륙을 거부했다. 이로써 몽골의 제2차 침략이 개시되었다.

남하한 살리타는 한양(漢陽 : 지금의 서울)산성을 함락시키고 처인(處仁 : 경기도 용인)에 육박했다. 당시 처인은 천민들이 거주하는 부곡(部曲)이었다. 그런데 놀랍게도 이곳 백성들은 처인성에 들어가 농성하면서 몽골군의 남하를 막아섰다. 살리타는 처인성을 공격하다가 승려 김윤후(金允侯)가 쏜 화살에 맞아 죽고 말았다. 왕후장상(王侯將相)은 모두 재산을 챙겨 섬으로 도망친 가운데 버려진 부곡의 천민들만이 똘똘 뭉쳐 자신들의 땅을 지킨 것이었다. 지휘관을 잃은 몽골군은 사기가 저하되어 철수했다. 이 전공으로 김윤후는 대번에 상장군(上將軍)으로 발탁되었다.

1234년, 중국 땅의 절반을 차지하고 있던 기마민족국가 금나라가 끝내 몽골에 패망했다. 몽골군은 양자강 이남으로 쫓겨난 한족 정권인 남송(南宋) 공략과 병행해 고려를 침입했다. 그러나 이번에도 강화해협을 넘지는 못했다. 몽골군은 강화도 공격을 포기한 채 이후 약 5년간 고려 전 국토를 유린하면서 약탈전을 전개했다. 강화도로 들어간 무인들은 몽골군과 직접 교전하지 않았다. 그 바람에 본토에 남아 있던 힘없는 백성들만 몽골군에게 어육(魚

[肉]이 되었다.

반면, 최우는 강화도에서 사치와 향락이 극에 달한 생활을 즐겼다. 고종 32년 5월에 최우는 고관들을 청해 잔치를 베풀면서 비단으로 산을 만들었으며, 비단 막(幕)을 치고 그 가운데 비단으로 꾸민 그네를 매었다. 그리고 그 주위엔 얼음덩어리를 담은 초대형 그릇[大盆] 4개를 놓았는데, 이 그릇은 모두 은으로 테두리를 장식했다. 기악(伎樂)·백희(百戲) 등 1,300여 명이 모두 화려한 복식(服飾)으로 뜰에 들어와 춤을 추고 음악을 연주하니 거문고와 북소리가 천지를 진동했다.

야만인들에게 절대 굴복하지 않겠다는 민족적 자존심은 나무랄 데가 없는 것처럼 보인다. 그러나 단지 먹고살기 위해 농토에 붙어 피난도 가지 못한 백성들을 야만인들에게 유린당하는 '지옥'에 남겨놓고 '안전지대' 강화도에 들어간 고려 무인정권의 행태를 칭찬할 수만은 없는 것이다. 그래서 역사를 어떻게 볼 것인가는 두부 베듯 단칼로 재단하기 어려운 일이다.


## 최씨 무인정권의 몰락

백성들의 참상을 보다 못한 고종은 우구데이에게 사자를 보내 철병을 간청했다. 우구데이는 출륙할 것과 고종의 입조(入朝)를 요구했다. 하지만 이 요구는 당시 실권을 장악하고 있던 최항(崔沆 : 최우의 아들)의 반대에 부딪혔다. 1249년에 죽은 최우의 권세를 아들 최항이 그대로 물려받고 있었다.

이런 맥락에서 고종과 최항의 이해관계는 상반될 수밖에 없었다. 고종은 몽골의 힘을 빌려서라도 발호하는 무인정권을 누르고 싶었을 터이고, 최항은 몽골과 국교를 회복할 경우 무인정권의 입지가 흔들릴 것이기 때문에 고종의 화해노선에 동조할 수 없었던 것이다.

이에 고종은 자기 대신에 왕족인 신안공(新安公) 전(佺)을 몽골에 입조시키는 미봉책으로 위기를 타개하려 했다. 바로 이 무렵, 몽골에서는 태종 우구데이가 주색에 탐닉하다 급사해 후계 문제가 현안으로 떠올랐다. 이런 상황에서 몽골 지도부는 고려 문제에 신경 쓸 여유가 없었다. 몽골은 고려의 국내 사정 등에 대한 충분한 이해 없이 일방적으로 화의(和議)부터 성립시키려 했다. 몽골이 고려에 제시한 화의 조건은 ①고종이 강화도에서 출륙할 것 ②왕족을 인질로 보낼 것 ③반몽(反蒙) 행위를 한 자들을 모두 처벌할 것 등이었다.

하지만 대몽골 강경노선을 견지해온 고려의 무인정권이 이 같은 조건을 받아들일 리 없었다. 이로써 정종(定宗) 구유그가 대칸을 계승한 이듬해인 1247년부터 몽골군의 제3차 침략이 시작되었다. 몽골군은 평안도와 황해도를 침입했지만 다음해에는 또다시 스스로 물러갔다. 이번에도 구유그가 술과 여자를 너무 밝힌 끝에 재위 2년도 채우지 못하고 사망해 대칸 계승 문제가 재연되었기 때문이다. 유목사회에서는 태자 제도 같은 것이 없었던 만큼 후계자 분쟁은 고질적이었다.

우여곡절을 거쳐 몽골의 대칸은 칭기즈칸의 막내아들 투루이의 장남 몽케로 결정되었다. 헌종(憲宗) 몽케는 사자를 고려에 파견해 고종의 입조와 무인정권의 출륙을 거듭 요구했다. 고려 정부는 이번에도 역시 이를 거부했다.

몽골의 제4차 침략은 1251년 7월부터 약 6개월간 감행되었다. 이때도 몽골군은 섬 지역을 제외한 고려의 거의 전 국토를 휩쓸었다. 사태가 심각해지자 고종은 스스로 강화도 맞은편의 육지 승천부(昇天府)로 나가 몽골 장수와 대면했다. 고종은 고려 왕실의 출륙을 약속하면서 왕자 안경공(安慶公) 창(淐 : 고종의 둘째아들)을 몽골에 보냈다.

그러나 그로부터 6개월 후 몽골은 또다시 사자를 보내 "국왕이 출륙해 몽골 사자를 맞은 것은 좋았으나 실권을 잡은 최항 이하 대신들은 출륙하지 않았고, 또한 몽골에 항복한 고려인들이 처형된 것은 부당하다"고 질책했다. 이어 자랄타이가 이끄는 몽골군이 고려 전 국토를 유린했다. 이때 무려 20여만 명의 백성들이 납치돼 북으로 끌려갔다. 이것이 몽골의 제5차 침략이었다.

이에 견디다 못한 고종은 대사성 유경(柳璥)·장군 박송비(朴松庇) 등에게 밀지(密旨)를 내려 최씨 무인정권 타도를 은밀히 사주했다. 이때 무인정권의 실권자는 최항의 지위를 계승한 그의 아들 최의(崔竩)였으며, 1258년(고종 45) 마침내 친위 쿠데타가 성공하여 최의 일당이 타도되었다. 최항-최의 부자는 그들의 선대(先代)인 최충헌-최우 부자에 비해 정권을 움켜쥘 만한 능력도 없었고 내부 파워게임에서 지략도 부족했다.

이로써 최씨 정권의 시대는 4대 60여 년 만에 끝났지만 아직 무인 시대는 끝나지 않았다. 이번에는 최의를 주살한 무인 김인준〔金仁俊 : 집권 후 김준(金俊)으로 개명〕이 고려 정부의 실권을 장악했다. 김준은 유경 등 문신들을 누르고 의연히 대몽항쟁 노선을 견지했다.

당연히 몽골과의 화평 교섭이 진전될 수 없었다. 자랄타이가 공격을 재개하자 고종은 무인들을 설득해 몽골에 사자를 파견, "이제까지 우리나라는 권신 최의의 전횡으로 사대(事大)의 성(誠)을 다하지 못했지만 그가 주살된 만큼 앞으로는 상국(上國)의 명을 좇겠다"는 뜻을 전달했다. 자랄타이는 이듬해(1259년) 3월, 사자를 강화도에 보내 국왕의 개경 환도와 태자 전(倎)의 입조를 다짐받은 뒤에야 철군했다.

이 약속에 따라 태자 전이 40여 명의 수행원을 이끌고 몽골을 향해 길을 떠난 것은 1259년 4월이었다. 그리고 여행 도중, 부왕 고종이 그해 6월 말에 서거했고 몽골의 헌종 몽케도 남송 친정(親征)에 나섰다가 사천성(四川省) 조어산(釣魚山)에서 급사했다. 이에 또다시 몽골의 '흰뼈(칭기즈칸의 직계 후손들)' 사이에 고질적인 후계자 분쟁이 불거져 나왔다. 제5대 대칸의 자리를 놓고 몽케의 첫째 동생 쿠빌라이와 막내 동생 아리크브가가 정면충돌했다.

조어산으로 향하던 태자 전은 몽케의 부음을 접하고 실로 난감한 입장에 처하게 되었다. 누가 세계제국 몽골의 주권자가 될 것인가? 누구를 교섭 상대로 삼아야 고려의 국익이 담보될 수 있는 것인가? 이것이야말로 중대한 선택의 기로였다.

## 고려 태자와 쿠빌라이의 만남

이때 태자 전이 훗날 몽골의 제5대 대칸으로 등극하는 쿠빌라이를 여행길에서 만난 건 행운이었을까, 불운이었을까? 쿠빌라이는 남송 최대의 방어 거점인 호북성(湖北省) 악주〔鄂州 : 오늘날의 우한(武漢)〕를 공략하다가 몽케의 부음을 접하고 휴전을 성립시킨 뒤 급히 북상하던 중 길목에서 그를 기다리던 고려 태자 전과 만났다.

쿠빌라이의 기쁨은 컸다. 적어도 그때까지 쿠빌라이는 후계 경쟁에서 동생 아리크브가에게 명분상 밀리고 있었다. 몽골 본토에서는 수도 카라코룸을 지키고 있던 아리크브가가 제장(諸將)들의 지지로 대칸에 옹립되려는 기세를 보이고 있었다. 원래 유목사회에서는 형들이 분가한 후에 마지막까지 아버지와 함께 사는 막내아들이 후계자가 되고, 심지어는 죽은 아버지의 첩까지 자기의 여자로 삼는 야릇한 풍습이 있었다. 그런 상황에서 고려 태자가 제 발로 찾아왔다는 것은 쿠빌라이에겐 자신의 위상과 관련한 대내외적 홍보 효과가 상당했다. 태자 전을 접견한 쿠빌라이는 이렇게 말했다.

"고려는 만 리 밖의 먼 나라. 옛날 당(唐) 태종(太宗)이 수차 친정을 해도 굴복하지 않았다. 지금 태자가 스스로 찾아와 나에게 귀순한 것은 하늘의 뜻이다!"

쿠빌라이는 그의 근거지 개평부〔開平府 : 훗날 원의 상도(上都)〕까지 따라온 태자 전을 크게 후대했다. 이어 고려 고종의 부음을 전하면서 태자 전에게 호위병까지 붙여 귀국하도록 했다.

귀국 후 태자 전이 왕위에 오르니 그가 곧 원종(元宗)이다. 아직 몽골의 주권자는 미정이었다. 쿠빌라이는 1260년 3월 하순 개평부에서 소수의 지지자로 구성된 쿠릴타이(신라의 화백과 유사한 기마민족의 회의체)를 열어 제5대 대칸으로 선출되었다. 명분은 아리크브가가 선점했지만 쿠빌라이는 중원의 풍부

원 세조 쿠빌라이  원나라를 건국했으며, 일본 원정은 모두 그의 주도하에 진행되었다.

한 인력과 물자를 장악해 그것을 동원할 수 있다는 점에서 유리한 상황이었다. 아리크브가는 1261년 4월, 내전 상태에서 또 하나의 쿠릴타이를 열어 대칸의 자리에 올랐으나 1264년 무력 대결에서 패해 쿠빌라이에게 항복했다.

대칸으로 등극한 쿠빌라이는 고려의 친몽 세력을 확대하기 위해 역대 몽골 대칸들과 달리 회유책을 구사했다. 한편 원종은 권력을 쥐락펴락하던 무인들의 횡포를 제압하고 왕권을 회복하기 위해 쿠빌라이의 힘을 이용하려 했다. 고려 왕실과 쿠빌라이의 이해가 일치하는 상황에서 쿠빌라이로부터 전해진 조서의 내용은 종래의 강경노선과 달리 매우 부드러웠다.

나는 일시동인(一視同仁 : 모두를 평등하게 보아 똑같이 사랑함)의 태도로 귀국(貴國)을 대하고, 왕실이 출륙했으니 이제 농상(農桑 : 농업과 양잠업)을 장려하여 백성들을 먼저 구제하길 바란다. 또 이제껏 귀국을 침략했던 몽골군의 인마는 모두 철수해서 백성들의 고통을 제거하고 귀국의 포로 및 도망자는 귀국에 송환한다.

**얼마 후 또다시 도착한 쿠빌라이 조서의 핵심 내용은 이러했다.**

1. 고려의 의관(衣冠)은 본국(고려)의 풍속에 따르도록 한다.
2. 몽골 조정에서 파견하는 국가 사절 외에, 모든 사신 활동을 금지한다.
3. 수도를 구경(舊京 : 개경)으로 옮기는 것은 국력을 회복한 다음에 실행해도 좋다.
4. 고려에 주둔하고 있는 몽골군은 금년 가을까지 철수한다.
5. 다루가치를 철수시킨다.

이는 고려에게 매우 관대한 조치였다. 몽골의 정복사에서는 유례없이 근 40년에 걸쳐 끈질기게 항전한 고려에 대해 용감한 나라로 '대접'을 해준 것이라고 볼 수도 있다. 그러나 한편으로는 고려에서 산출되는 호동(好銅 : 놋쇠), 양향(糧餉 : 식량), 해동청(海東靑 : 사냥용 매) 등을 세공(歲貢)으로 사정없이 거둬들였다. 원종은 전란으로 황폐화된 국토를 핑계로 이를 모면하려 했지만 쿠빌라이는 엄하게 질책했다. 즉, 고려에 대해 은위(恩威)를 병행하는 교활한 양면책을 구사했던 것이다.

## 무인정권의 군사적 지주, 삼별초

삼별초는 원래 최씨 정권의 2대 집권자 최우가 치안 유지를 위해 설치한 야별초(夜別抄)에서 비롯되었다. 그 후 병력수가 많아짐에 따라 좌별초(左別抄)·우별초(右別抄)로 나뉘었으며, 몽골군과 싸우다가 포로가 되었던 귀환병들이 조직한 신의군(神義軍)을 합쳐 삼별초라 부르게 되었다. 삼별초는 육번도방(六番都房)과 함께 최씨 정권을 떠받치는 사병(私兵) 집단의 성격이 짙었다.

삼별초는 강화도 천도 이후 어느덧 무인정권의 주력부대가 되었다. 최씨 정권이 쿠데타에 의해 붕괴된 후에도 김준, 임연(林衍)·임유무(林惟茂) 부자로 이어진 무인정권을 뒷받침하는 무력 집단이었다. 따라서 고려 왕조에서 실권을 장악하기 위해서는 삼별초를 지휘하에 두어야 했다. 김준이 1258년 최씨 정권을 타도하고, 임연이 1268년 원종의 밀명을 받아 김준을 격살한 것도 모두 삼별초를 자기편으로 끌어들임으로써 가능했던 일이다.

삼별초를 장악한 임연은 조정 신하들을 협박하여 친몽 노선을 추진하는 원종을 폐위시키려고 작심했다. 1269년(원종 10) 6월 18일, 임연은 삼별초와 육번도방을 구정(毬庭)에 모아 위세를 드러내며 조정 중신들을 협박했다.

"나는 왕실을 위해 권신을 제거했는데, 왕은 김경(金鏡) 등과 짜고 나를 죽이려고 하니 앉아서 죽음을 기다릴 수는 없다. 대사를 위해 왕을 외딴섬으로 귀양 보내고자 하노니 어떻게 하랴?"

사흘 뒤인 6월 21일, 드디어 임연은 삼별초와 육번도방을 동원해 원종을 폐위하고 안경공 창을 새로운 왕으로 옹립했다. 왕창은 임연을 교정별감(教定別監)으로 삼아 집권 체제를 갖추게 하고 원종을 상왕(上王)으로 밀어냈다.

하지만 이에 대한 반발도 만만치 않았다. 심지어는 서북면병마사(西北面兵馬使) 영기관(營基官)인 최탄(崔坦)이 원종을 폐위한 임연을 친다는 구실로 반란을 일으켜 고려 서북부 일대를 점령해 그 땅을 바치며 몽골에 붙었다. 쿠빌라이는 반역자인 최탄을 동녕부(東寧府) 장관으로 임명하고, 그가 탈취한 땅을 몽골의 직할 영토로 편입시켰다.

임연은 때마침 몽골에서 귀국하는 원종의 태자 심(諶)을 중도에서 붙들기 위해 야별초 20명을 압록강 남쪽의 의주에 매복시켰다. 그러나 매복을 눈치챈 태자 심이 구련성(九連城 : 압록강 북쪽의 국경 요새)까지 왔다가 연경(燕京 : 지금의 북경)으로 되돌아갔다. 고려 태자의 북환(北還)으로 원종의 폐위 사실을 알게 된 쿠빌라이는 이 기회를 이용해 고려 내정에 철저하게 간섭하기 시작했다. 신하가 왕을 내칠 수 없다는 명분론을 앞세워 임연에게 압력을 가했던 것이다.


쿠빌라이의 협박


태자 심은 쿠빌라이에게 군사를 빌려 본국으로 귀국하게 해달라고 요청했다. 쿠빌라이는 태자 심에게 특진상주국(特進上柱國)이란 벼슬을 제수하여 몽골병을 이끌고 귀국해 국난에 대처하라고 명했다. 태자 심의 귀국에 앞서 쿠빌라이는 고려에 사자를 보내

"신하로서 폐립을 결행했으니 자고로 이러한 사리가 어디 있느냐……. 감히 국왕 및 세자와 그 족속 가운데 단 한 사람이라도 살해된 자가 있다면 결단코 용서치 않겠다"면서 임연의 쿠데타 정권을 뿌리째 위협했다.

이에 임연은 추밀원(樞密院) 부사 김방경(金方慶) 등에게 배신표(陪臣表 : 제후국의 신하가 황제에게 올리는 글)를 휴대케 하여 몽골에 보냈다. 배신표에서 임연은 "국왕(원종)이 지병 때문에 왕제(王弟 : 안경공 창)에게 양위하게 되었다"고 어물쩍하게 해명했다. 고려 내정을 손금처럼 들여다보고 있던 쿠빌라이가 그런 해명에 넘어갈 리 만무했다.

쿠빌라이는 대군을 동경〔東京 : 지금의 선양(瀋陽)〕에 대기시켜 놓고 병부시랑 흑적(黑的) 등을 강화도에 보냈다. 흑적이 휴대한 특조(特詔)에서 쿠빌라이는 "임연의 말을 믿지 못하겠으니 12월 10일까지 원종, 안경공, 임연 등이 함께 입조하여 자초지종을 아뢰면 짐은 그 시비를 듣고 구처(區處 : 구분하여 처리함)함이 있을 것"이라 하면서 "만일 기한이 넘어도 이르지 아니하면 진병(進兵)하여 소탕하겠다"고 거듭 협박했다. 그때 몽골의 대군은 이미 국경을 위협하고 있었다.

세가 불리했던 임연은 할 수 없이 11월 23일 안경공 창을 폐하고 원종을 복위시켰다. 그러나 임연과 안경공은 쿠빌라이의 부름에 응하지 않았다. 원종만 12월 19일 출국해 연경에서 쿠빌라이를 만나 몽골의 힘을 빌려 권신을 제거하고 개경으로 환도할 계획을 세웠다.

원종은 연경에 머물면서 몽골의 중서성(中書省)에 태자 심과 몽골 공주와의 혼인을 정식으로 요청하고, 쿠빌라이에게는 "군대를 내어주면 본국으로 돌아가 임연을 제거하고 출륙, 천도를 실행하겠다"고 상주했다. 쿠빌라이는 태자 심의 혼인 문제는 뒷날로 미루기로 하고, 대기 중이던 동경행성(東京行省) 장관 두련가(頭輦哥)에게 명해 군사를 거느리고 고려 국왕을 호위해 국경을 넘도록 했다.

한편 임연은 휘하의 무장 지보대(智甫大)를 황주(黃州)로 출동케 하고, 신의군을 추도(황해도 송화군)에 주둔시켜 몽골군의 침입에 대비했다. 또 야별초를 각 지방에 보내 백성들에게 섬으로 들어가 싸울 것을 독려했다. 그러나 임연은 강력한 몽골의 압력에 고심하다가 그만 등에 돋아난 부스럼이 도져 1270년 2월 25일 죽고 말았다. 이에 임연의 차남 임유무가 무인정권의 실세인 교정별감의 지위를 세습했다.

몽골군을 이끌고 귀국하던 원종은 장수 몇 명을 앞질러 보내 신료들에게 환도를 회유하는 조서를 전달했다. 그러나 임유무의 태도는 요지부동이었다. 그는 중의를 물리치고 입해(入海) 전략을 계속 유지하려 했다.

이에 원종은 몰래 사람을 보내 임유무의 자형인 어사중승(御史中丞 : 종4품) 홍문계(洪文系)를 '근왕(勤王)의 명분론'으로 설복시켰다. 홍문계는 직문하성사(直門下省事 : 종3품) 송송례(宋松禮)와 모의, 임유무와 그 일당을 주살했다.

## 삼별초의 봉기

임유무를 제거한 소식은 원종이 용천역(龍泉驛 : 황해도 서흥)에 이르렀을 때 전해졌다. 원종은 개경에 도착하기 나흘 전인 1270년 5월 23일, 구경(舊京)으로 환도할 날짜를 확정 발표했다. 이때 삼별초의 병졸들은 원종의 환도 계획에 저항하면서 국가의 창고를 터는 행동도 서슴지 않았다. 이른바 군란(軍亂)의 서막이었다.

이에 원종은 수하 장수를 강화도에 보내 무마책을 펼쳤으나 삼별초는 여전히 국왕의 명령에 따르지 않았다. 개경에 돌아온 원종은 또다시 장군 김지저(金之氐)를 강화에 파견하여 삼별초를 혁파하고 그 명부(名簿)를 압수하도록 명했다. 이에 반발한 삼별초가 6월 1일, 마침내 장군 배중손, 야별초 지유(指諭) 노영희(盧永禧)의 지휘 아래 반기를 들었다.

사학자 김상기(金庠基) 선생은 그의 저서 『신편 고려시대사』에서 '삼별초의 난'이 일어나게 된 동기에 대해 다음과 같은 견해를 피력했다.

『고려사』「열전」 권43 배중손 열전에는…… 삼별초가 그의 명부가 몽골에 알려져 박해를 받을까 염려하여 난을 일으킨 것처럼 되어 있다. 그러나 삼별초가 반심을 품은 것은 이미 환도 기일을 방시(榜示 : 방을 붙여 널리 알림)하던 때로부터의 일이었던 것이니, 그때 삼별초는 국가의 부고(府庫 : 곳집)까지 천발(擅發 : 마음대로 가져다 씀)했던 것이다. 그렇다면 삼별초 난의 기인(基因)은 환도 반대에 있었던 것이며, 환도 반대는 말할 것도 없이 몽골에의 저항을 의미하는 것이다.

삼별초의 원래 성격이야 어떻든 강화 천도 이후 대몽 항전의 주력은 그들이었다. 따라서 삼별초의 명부를 몽골에 넘기면 그들에게는 살생부(殺生簿)에 자신들의 이름이 오르는 것과 마찬가지였다. 이런 삼별초의 대몽골 위기감과 적개심에 불을 지른 사람이 바로 배중손이었다. 배중손은 반란의 깃발을 들면서 선동 연설로 군심을 움직였다.

삼별초는 배중손의 지휘하에 강화도를 장악하고 개경 정부를 인정하지 않는 결연한 자세를 취했다. 이것은 고려 정부가 확보하고 있던 재물, 군량, 군기(軍器) 및 강화도에 집결되어 있던 각종 함선들을 장악하고 수군도 흡수해 항전 역량이 크게 증강했음을 의미한다.

그러면 배중손은 누구인가. 그의 활약에 비해 역사 기록은 상당히 소홀한 편이다. 그는 삼별초의 난 때 비로소 역사 무대의 전면에 등장한 인물로, 그의 출신 배경이 불분명하고 거사 당시의 나이도 알려져 있지 않다. 『익재난고(益齋亂藁)』와 『원사(元史)』「고려전(傳)」 등의 기록에 따르면 그는 '임연의 무리'였던 것 같다.

삼별초는 강화도에 와 있던 몽골 사신과 반란에 반대하는 정부 고관 및 장군들을 베고 기세를 올렸다. 도망가다가 붙들린 문무(文武) 관원들도 혈제(血祭)의 희생물이 되었다. 배중손, 노영희 등이 옹립했던 새로운 왕은 원종의 6촌 동생인 승화후(承化侯) 온(溫)이었다.

## 삼별초가 항몽 근거지를 진도로 옮긴 까닭

1270년 6월 3일, 삼별초는 천여 척의 선단을 이끌고 전남 진도를 향해 남하했다. 강화도는 개경과 가까워 고려 정부군을 지배하에 넣은 몽골군이 군선을 동원해 상륙작전을 감행할 가능성이 높았기 때문이다.

이때 삼별초는 강화도에 있던 모든 재물과 정부 관리들이 섬에 남겨두었던 처자들을 인질로 삼아 배에 실었다. 처자들의 통곡소리가 천지를 진동했다고『고려사』는 전하고 있다.

삼별초가 진도에 들어간 것은 그해 8월 19일이었다. 서해 일대의 도서를 점령하면서 서서히 남하했기 때문이다. 천여 척으로 조직된 대함대가 두 달 반에 걸쳐 480킬로미터 이상의 거리를 항행했다는 것은 세계사에도 유례가 드문 대규모 해상작전이었다. 목조 선박이 거친 해로와 기상 조건을 이겨내며 집단적으로 기동한다는 것은 그리 용이한 일이 아니다. 더욱이 항행 시기는 장마철과 그 뒤를 잇는 태풍이 부는 때였다.

원종은 정부군에 삼별초 추격을 명령했다. 추격군은 개경 정부군 600명과 몽골군 400명으로 이뤄진 혼성 부대였다. 6월 13일, 추격군은 경기도 남양 앞바다의 영흥도(靈興島)에 기항하고 있던 삼별초 함대를 발견했다. 그럼에도 추격군은 삼별초의 위세에 눌려 감히 접근하지 못했다.

367.8제곱킬로미터의 넓이를 가진 우리나라에서 세 번째로 큰 섬 진도는 한반도의 서해와 남해를 연결하고, 일본과 중국 및 동남아 여러 나라들과 이어지던 해상교통의 요충지였다. 삼별초의 진도

진도 1271년 여몽연합군과 삼별초의 전투도. 진도는 삼별초의 근거지였다.

점거에 대해 개경 정부가 비명을 지를 만했다. 고려 정부의 다급함은 그 무렵 원종이 몽골에 보낸 국서(國書)에 잘 나타나 있다.

> 경상·전라의 공부(貢賦 : 나라에 바치는 물건과 세금)는 육지로 수송하지 못하고 모두 수운(水運)으로 하는데, 지금 역적(삼별초)이 진도에 웅거하여 수로의 인후(咽喉 : 목구멍)로 왕래해야 할 선박을 지나가지 못하게 하고 있다.

삼별초는 진도에 들어간 뒤 용장성(龍藏城)을 쌓고 궁궐을 크게 조영하여 도성의 면모를 갖추었다. 진도를 도읍으로 한 삼별초의 활동은 매우 왕성했다. 이후 창선·거제·제주 등을 비롯한 30여 개의 섬을 점령해 해양왕국으로서의 위세를 드높였다.

삼별초의 활동은 육지에서도 맹위를 떨쳤다. 먼저 육지의 백성과 재화를 섬에 옮겨 항전력을 강화하는 한편 장흥을 비롯하여 합포(合浦 : 마산), 금주(金州 : 김해)는 물론 나주, 전주까지 진격하기도 했다. 남부 지방의 일부 수령들은 도망을 쳤고, 그들 중엔 온왕(溫王)을 찾아와 충성을 맹세하는 자들도 적지 않았다.

## 민심은 어디로 움직였는가

이것은 고려 정부에겐 정통성이 걸린 문제였다. 1270년 9월, 원종은 김방경을 전라도추토사(全羅道追討使)로 삼아 전라도의 육지를 탈환했다. 이 작전엔 몽골 장수 아하이도 가세했다. 그러나 삼별초의 세력은 결코 위축되지 않았다. 전라도를 탈환했다고는 하지만 오랫동안 몽골 및 고려 정부에 수탈을 당해온 백성들은 삼별초의 난에 힘을 얻어 곳곳에서 반항하거나 반란을 일으켰다.

몽골은 처음부터 삼별초의 난 진압에 적극적이었다. 모처럼 원종을 회유해 고려를 그들의 외번(外藩)으로 삼는 전략에 차질을 빚을 우려가 있었기 때문이다. 뿐만 아니라 세조 쿠빌라이의 숙원인 일본 정벌 문제까지 걸려 있었다. 삼별초가 해상에서 항전을 계속하는 한 몽골군의 일본 정벌은 불가능했다.

같은 해 윤 11월, 원종은 김방경을 상장군(上將軍)으로 기용해 삼별초 토벌을 명했다. 김방경은 그해 12월 진도 근해로 쳐들어갔다. 삼별초도 전선(戰船)에 기치를 휘날리며 응전하니 수전에 서툰 몽골 장수 아하이가 겁을 집어먹고 물러났다. 그래서 김방경의 고려군 전선들만 진공했는데, 삼별초의 역습을 받아 모두 도망쳤다. 김방경이 탄 전선만 홀로 적선들 가운데로 돌입했다가 포위되어 하마터면 목숨을 잃을 뻔했다.

삼별초와의 전투에서 쓰라린 패배를 경험한 여몽연합군, 특히 몽골은 삼별초에 대한 회유 공작을 거듭 전개했다. 이에 대한 삼별초 지도부의 대응은 매우 전략적이었다. 1270년(원종 11) 12월 몽골 사신 두원외(杜員外)와 함께 원외랑(員外郞) 박천주(朴天澍)가 진도에 건너갔는데, 삼별초 지도부는 원종의 유지에 대해서는 짐짓 '유명시종(惟命是從 : 오로지 명에 따르겠다)'이라고 화답한 반면 몽골 사자는 상대도 하지 않고 억류해버렸다. 이것은 몽골과 고려 정부의 사이를 벌려놓으려는 교묘한 이간책이라고 할 수 있었다.

1271년(원종 12) 4월, 쿠빌라이는 전투에 무능했던 아하이를 대신해 둔전경략사(屯田經略使) 흔도(忻都)를 삼별초 토벌 사령관으로 임명하고 증원군을 급파했다. 흔도가 지휘한 둔전군은 원래 일본 원정에 투입될 부대였지만 진도 공략을 위해 전용(轉用)되었다. 증원부대의 지휘관은 홍다구(洪茶丘)였다. 홍다구는 인주(麟州)의 주둔장수 홍복원(洪福原)의 아들로 그의 아비와 함께 조국을 배반하고 쿠빌라이에게 붙어 몽골의 장수가 된 인물이다. 한국 역사상 조국을 배반한 인물들 중에 홍다구만큼 악랄했던 자는 없었다.

1271년 5월 15일, 100여 척의 함선에 4,000여 명의 정예 병력으로 구성된 여몽연합군은 좌·우·중 세 방면으로 나누어 삼별초를 공격했다. 물론 삼별초의 방어력을 분산하기 위한 전술이었다. 고려의 상장군 김방경과 몽골 장수 흔도가 중군(中軍)이었다. 삼별초는 그동안 연합군과 싸워 자주 이긴 탓에 적을 가볍게 보는 마음이 생겨 방비를 소홀히 한 데다 거듭되는 몽골 측의 회유책에 걸려들어 방심하고 있었다.

그 틈을 타 연합군이 갑자기 쳐들어오자 삼별초는 연합군 측의 주력인 중군을 막으려고 벽파진(碧波津) 부근으로 집결했다. 이때 좌군인 홍다구 부대가 측면인 노루목〔獐項〕을 기습 공격하여 화공을 가했다. 허를 찔린 삼별초의 방어진은 급격히 무너졌고, 김방경과 흔도의 주력부대도 벽파진에 상륙하여 용장성을 포위했다.

당시 몽골군은 각종 공성(攻城) 무기와 최신 병기, 특히 화창(火槍)과 화포(火砲)를 사용했다. 용장산성(龍藏山城)이 함락된 직후 삼별초의 지도자 배중손은 패잔병을 수습하여 진도의 최남단까지 퇴각, 최후의 항전을 벌였던 것으로 전해진다.

김방경은 패주하는 삼별초를 추격하여 남녀 1만여 명과 전함 수십 척, 쌀 4,000석과 많은 재보(財寶)·기장〔器仗 : 기구(器具)와 기물〕을 거두어 개경으로 이송했다.

이때 삼별초에 의해 왕으로 옹립된 왕온은 홍다구에게 붙들려 참수되었다.


삼별초 최후의 항몽거점, 제주도


진도에서 패전한 삼별초 무리는 해상으로 도피하여 탐라(耽羅 : 제주도)로 들어갔다. 남해안 일대로 나가서 활동하던 80여 척의 삼별초 함선들도 진도 함락 소식을 듣고 탐라에 집결했다. 탐라는 1270년 11월 이후 삼별초의 판도였다. 그들은 현지 농민들의 협력을 얻어 제주도 북서부에 내·외성을 축조하고 북부 해안을 따라 보루를 쌓아 여몽연합군의 공격에 대비했다.

제주도로 들어간 삼별초 병사들은 김통정(金通精)을 수장으로 삼고 해상을 오가면서 게릴라전을 전개했다. 이들은 전라도·경상도의 여러 연안 고을들을 차례로 습격해 배나 식량을 빼앗고 수많은 주민들까지 납치해 세력이 날로 확장되고 있었다. 심지어 조선소를 기습해 일본 원정용으로 건조된 군선들을 잇달아 불태워 고려 정부를 공포에 빠지게 했을 뿐 아니라 오매불망 일본 정복을 꿈꾸던 쿠빌라이의 골머리를 아프게 했다.

전라도의 세납미 800석을 약탈한 사건, 충청도 고란도(孤瀾島)에 있는 조선소 습격사건, 합포와 거제도에 있는 병선을 불사른 일 등이 연달아 발생했다.

원종은 사신을 원나라에 보내 삼별초의 근황을 알리는 한편, 장군 나유(羅裕)에게 전라도에 출몰하는 삼별초의 토벌을 명령했다. 그러나 나유는 삼별초를 토벌할 수 있는 병력도 의지도 없었다.

이후 삼별초가 배를 대거 건조해 지금의 경기도 영흥도에 닻을 내려 정박하기도 하고, 개경 가까운 바다에 출몰하자 이제는 더 이상 방치할 수 없는 상황이 되었다.

이에 쿠빌라이는 1273년 4월 몽골 장수 흔도, 홍다구와 고려의 김방경에게 탐라를 공략하도록 명했다. 여몽연합군은 그해 4월 9일경 반남현(潘南縣 : 지금의 나주시 반남면)을 출항했다. 그러나 항해 도중 큰 풍랑을 만나 황해의 전함과 경상도의 군선들이 침몰하

여몽연합군함의 함덕포 상륙작전 장면도  김방경이 이끄는 중군이 여기서부터 치고 들어가 삼별초를 무너뜨렸다.

는 등 대형 참사가 발생했다. 여몽연합군은 즉각 전라도 병선 160 척과 수륙군 1만 명을 새로 동원해 전열을 재정비했다. 그들은 먼저 추자도로 건너가 풍세를 가늠하다가 4월 28일에 삼별초를 불의에 기습했다.

　김방경이 지휘하는 중군은 함덕포(咸德浦 : 조천읍)로 상륙해 동쪽에서부터 맹공을 퍼붓고, 좌군은 비양도(飛揚島 : 제주시 서쪽 해상에 위치함)에 상륙해 동진하면서 해안 보루를 공격했다. 삼별초군은 해안에 구축된 방어 진지에 의지해 맞서 싸웠지만 수십 배가 넘는 공격군에 밀려 고성리(古城里)의 내·외성에 들어가 항전했다. 연합군이 외성을 넘어 불화살을 퍼붓자 중과부적으로 패배에 몰린 김통정은 수하 70여 명을 이끌고 산중으로 도피했다가 자결했다.

김방경은 내성으로 들어가 삼별초의 두령급 6인을 베고 잔당 35명을 사로잡은 뒤 항졸 1,300여 명을 여러 배에 실은 다음 제주의 원주민들은 예와 같이 살도록 위무했다. 이로써 항몽세력 최후의 아성은 마침내 붕괴되었다.

삼별초의 항전은 바다에서 섬을 의지해 해상 유격전의 형태로 전개된 투쟁이었다. 그들은 항쟁 근거지의 건설과 유지, 해전, 상륙전, 반(反)상륙전, 기습전, 육지 백성과 협동한 포위전 등으로 수군 전투기술 발전에 크게 기여했다. 이 항전은 몽골군의 일본 침략을 지연시키고 타격을 입혔다. 뿐만 아니라 고려 함대를 동원해 남송을 정복하려 했던 쿠빌라이의 기도를 봉쇄했다는 점에서도 국제적 의의가 큰 투쟁이었다.

삼별초의 난을 진압한 후 쿠빌라이는 이곳을 몽골(원)의 직할 영토로 편입하고, 탐라국 초토사(招討司)라는 관청을 설치했다. 그리고 초토사 밑에 병사 1,700명을 주둔시켰다.

쿠빌라이는 삼별초의 항쟁이 시작되기 한 해 전인 1269년에 이미 탐라의 전략적 위치에 주목해, 사자를 파견해 지리를 조사시킨 바 있었다. 이 조사에서 한라산 기슭에 말과 소를 방목하는 데 적합한 초원이 있다는 사실이 파악되었다. 또 한라산의 산림은 일본 원정을 위한 병선 건조의 재목으로 활용 가능했다.

쿠빌라이는 제주도를 일본 원정의 전초 기지로 삼기 위해 우선 몽골의 말을 들여와 방목했다. 또 한라산의 목재는 고려의 조선소뿐 아니라 멀리 중국 전당강(錢塘江) 어귀 명주[明州 : 지금의 닝보(寧波)]까지 운반되어 조선용 목재로 사용되었다. 탐라가 1290년 고려에 귀속된 후에도 원나라는 몽골인 목자(牧子)를 파견해 목장을 직영하기도 했다. 오늘날까지 제주도가 우리나라 말의 본산지가 된 것은 여기에서 유래했다.

### 🌸 몽골제국의 흥망

몽골제국은 1206년 칭기즈칸이 몽골의 여러 부족 및 주변의 유목민족을 통일한 것에서부터 시작된다. 13세기 초, 유라시아 대륙 동부에 이렇다 할 강대 세력이 존재하지 않았다는 점이 몽골족의 흥기에 유리하게 작용했다.

칭기즈칸은 '천호제(千戶制)'라는 제도를 받아들여 경장(輕裝) 기병 군단을 조직해 사방으로 대원정을 감행했다. 인접한 서하(西夏) 및 금을 공격하는 한편, 서쪽으로 진출하여 중앙·서남아시아를 호령하던 터키계의 호라즘제국을 멸망시켰고, 다시 남러시아 평원까지 정복했다. 그는 칼끝을 돌려 서하를 멸망시켰지만 1227년 8월 15일 원정에서 돌아오는 길에 병사했다.

칭기즈칸의 뒤를 이은 자는 셋째아들인 우구데이. 우구데이는 동유럽으로 조카 바투를 원정 보내 러시아 전역과 동유럽 일부를 정복했다. 몽골군은 상대가 저항하면 모두 죽인 다음에 도시와 마을까지도 철저하게 파괴해버렸다. 이 같은 소문이 삽시간에 퍼져 유럽 국가들은 공포에 벌벌 떨었다.

그러나 유럽을 침공하던 몽골군은 폴란드·헝가리·오스트리아를 석권하고 아드리아 해 연안을 따라 이탈리아 반도로 진군하려다가, 우구데이의 사망 소식을 듣고 몽골로 회군했다. 이로써 유럽은 간신히 몽골의 정복을 모면하게 되었다.

칭기즈칸은 일찍이 정복지를 네 아들에게 분배해주었다. 이 땅들은 그 후 정복된 땅과 합쳐져 우구데이칸국, 차가타이칸국, 킵차크칸국, 일칸국 등 4개의 칸국이 성립되었다. 몽골제국이 유라시아 대륙을 지배한 역사적 의의는 결코 작지 않다. 몽골제국은 역전제(驛傳制)를 정비해 육상의 대(大)네트워크를 구축했다. 이로부터 동서 교류가 본격화되었다.

몽골 내부에서는 제2대 대칸 우구데이 사후, 후계자를 둘러싼 분쟁과 내전이 끊임없이 되풀이되었다. 그런 가운데 1260년 제5대 대칸에 쿠빌라이가 올랐다. 그는 1271년 국명을 대원(大元)이라 칭하고, 1279년에는 한족(漢族) 정권인 남송을 멸망시킴으로써 중국대륙 전역을 장악했다. 그 결과, 몽골제국은 4개의 칸국 위에 종주국(宗主國)인 대원이 올라서는 모습을 띠게 되었다.

원의 수도 대도(大都 : 지금의 북경)는 금의 중도(中都) 동북에 쿠빌라

내몽고 북쪽 얼구나 우기 근교 흑산도에 있는 칭기즈칸 큰 동생의 고성

이가 새로 건설한 도읍으로, 대도에 축조된 운하는 내륙 수로 및 해항(海港)과 연결되었다. 유목민족이 육지뿐 아니라 바다의 길도 열었던 것이다.

육지의 길과 바다의 길이 개통됨으로써 비로소 진정한 의미의 세계사가 개막되었다. 당시 이슬람 상인들의 왕래로 이슬람 세계의 선진적인 천문학·수학·의학 등이 동방에 전해졌고, 반대로 중국

명 태조 주원장 초상 낮은 출신과 못생긴 얼굴로 인해 그는 심한 콤플렉스를 가지고 있었다.

에서는 화약·나침판·인쇄술 등이 서방에 전해졌다. 그때까지만 해도 지구촌의 변방이었던 유럽의 로마 교황은 포교를 위한 사절단을 몽골의 대칸 궁정에 수차례 파견했다. 몽골은 종교의 자유를 보장하던 세계제국이었다.

그러나 그렇게 강대했던 몽골제국도 장기간에 걸친 내분으로 쇠퇴해 갔다. 원 말기에는 백련교도(白蓮敎徒)를 중심으로 하는 홍건적(紅巾賊)의 난이 일어났고, 몽골군은 홍건적의 지도자 중 한 명인 주원장(朱元璋) 군대에 패해 몽골 고원으로 쫓겨났다. 1368년, 주원장이 창업한 한족 왕조가 바로 명(明)이다.

몽골제국은 겨우 1세기 남짓 존속했지만, 동서 세계사에서 끼친 영향은 지대했다. 그러나 오늘날의 몽골은 러시아·중국이란 두 거인국(巨人國)에 낀 소인국(小人國)으로 전락하고 말았다. 문화 축적과 기록을 소홀히 하는 유목민족의 행태가 빚은 업보인지도 모르겠다.

# 삼별초 항쟁의 본거지 강화도, 진도 답사기

## 대몽항쟁 39년의 본거지 '강화도'

고려 정부는 강화도로 천도하여 39년간 몽골군에게 저항했다. 확실히 강화도라는 존재는 세계사에서 특이한 곳으로 지목될 수밖에 없다. 유라시아 대륙의 60퍼센트를 석권했던 몽골군도 무력으로 끝내 강화도를 함락시키지 못했기 때문이다.

강화도는 한강과 임진강 어귀 건너편에 위치해 있다. 우리나라에서 다섯 번째로 큰 섬으로, 신라 시대에는 해구(海口)로 불렸고 고려 초기에 강화도란 이름을 얻었다. 지금은 길이 800미터의 강화대교 등 세 개의 다리로 육지와 이어져 있다.

나는 학창 시절이던 1966년 봄 처음으로 강화도를 답사한 바 있다. 그때는 김포군 통진나루와 건너편의 강화도 나루 사이에 군용 LST(상륙정)를 개조한 연락선이 운항되었다. 당시 내가 탄 버스는 통째로 연락선에 실려 해협을 건넜다. 해협의 너비는 1킬로미터도 되지 않았지만 물살은 거셌다. 평균 시속 10노트의 조류가 시시각각 돌변하여 작은 목선 같은 것은 건너기가 어려운 해협이었다. 이후 간척사업으로 지금은 양쪽 기슭 사이의 폭이 더욱 좁아져 600미터에 불과한 곳도 있다.

2003년 10월 30일 오전, 김포시의 서북단에 있는 문수산성(文殊山城)에 올랐다. 이곳에 오르기만 하면 강화도가 한눈에 보인다. 개경(開京 : 지금의 개성)에서 강화도로 천도한 고려 왕조를 공략하려 했던 몽골군은 바로 여기서 막혀버렸다.

해안에 바짝 다가선 문수산성의 북문에서 산 위로 뻗어 있는 성벽을 타고 200미터만 올라도 맞은편의 강화읍이 빤히 내려다보인다. 심지어 강화 읍내의 자동차, 행인들까지 눈에 들어온다.

육지와 강화도 사이의 해협은 장대높이뛰기만 해도 뛰어넘을 수 있겠다는 기분이 들 만큼 좁다. 대군을 거느리고 침입한 몽골 장수들도 이렇게 관측이 용이한 곳을 결코 놓치지 않았을 것이다. 푸른 대초원에서 성장한 몽골인의 시력은 5.0~6.0 정도는 보통이다. 그렇다면 이곳에 올라 강화도를 굽어본 몽골 장수들의 심정은 쉽게

**강화해협** 몽골군이 강화도를 지척에 두고 넘지 못했던 이 해협은 현재 강화대교로 시원스레 육지와 이어져 있다.

짐작할 수 있겠다. 쥐구멍 앞에서 하릴없이 '야옹' 거리는 고양이 모습이 아니었을까.


## 삼중 성벽으로 방어진을 친 요새

강화도 답사는 강화역사관부터 둘러보는 것이 좋다. 강화대교를 건너자마자 오른쪽으로 빠져나와 48번 국도 아래 굴다리를 지나 왼쪽으로 조금만 가면 바로 강화역사관이다. 여기엔 항몽 관련 유

**강화도** 항몽전쟁 40년간 고려 왕조의 임시 수도였다.

적 등 우리 역사상 국방과 관련된 사료와 유물이 전시되어 있다. 4 개의 전시실을 다 돌고 나오면 일단 강화도 역사에 관한 브리핑을 받은 셈이 된다.

그리고 강화역사관 바로 앞 해안에 있는 갑곶돈대(강화읍 갑곶 리)로 갔다. 돈대는 소대 규모의 수비병이 지키던 요새다. 강화도 해안에는 이런 돈대가 50여 개에 달했다고 한다. 고려·조선 시대 천년간 강화도는 수도권으로 진입하는 조운선(漕運船)의 길목이었 다. 여기가 막히면 수도권은 양도(糧道)가 끊겨 경제공황에 빠질 수밖에 없었다.

그중에서도 육지와 제일 가까운 갑곶돈대는 항몽전쟁 기간 중 강화해협을 지키던 중요한 요새였다. 지금의 갑곶돈대는 조선왕조 때 개축된 것이다. 1679년(숙종 5)에 축조되었다가 1866년 병인양

**갑곶돈대** 강화해협을 지키는 중요한 요새 역할을 했다.

**고려 궁터** 강화도 천도 후 궁궐이 있던 자리로 지금은 휑하니 터만 남아 있다. 건물은 조선시대의 외규장각을 최근 복원한 것이다.

요 때 프랑스 함대의 포격으로 파괴된 것을 1970년대에 복원했다. 조선 시대의 대포 1문도 전시되어 있다. 갑곶돈대 바로 뒤로 펼쳐진 해안도로변에는 항몽전쟁 당시에 쌓은 강화 외성(外城)의 흔적을 볼 수 있다. 고려 시대의 강화도는 해협을 해자(垓字 : 성 주위에 둘러 판 못)로 삼아 외성·내성·궁성으로 삼중의 방어벽을 둘러친 대요새였다.

강화읍 중심부인 관청리엔 고려 궁터가 남아 있다. 강화군청 앞 길을 조금 지나 우회전해서 약간 비탈진 길을 300미터쯤 오르면 된다. 이곳은 강화 천도 이후 몽골에 줄기차게 항전했던 고려 왕조의 궁궐이 39년간 들어서 있던 자리다. 대문인 승평문(昇平門)을 지나면 궁터가 나온다. 원래는 넓은 터를 차지하고 있었으나 개경으로 환도하면서 몽골군의 강요로 궁궐과 궁성의 대부분을 파괴해

강화읍성 북문  이곳에 오르면 개성의 송악산이 한눈에 들어온다.

지금은 흔적만 남아 있다.

고려의 도성이었던 개성 일대를 조망하려면 강화읍성 북문에 오르면 좋다. 북문엔 '진송루(鎭松樓)'라는 현판이 걸려 있다. 북문 밖으로 나가 오읍(五泣)약수터 쪽으로 50미터쯤 걷다 보면 북한 지역인 개풍군의 산과 들이 바로 눈앞에 전개된다. 10여 년 전 답사 때는 개성의 진산(鎭山 : 옛날 나라나 도읍, 고을을 지켜준다는 산)인 송악산까지 또렷하게 보였지만 이번 답사에서는 날씨가 쾌청치 않아 흐릿한 모습이었다.

강화읍성은 몽골의 제2차 침입에 대항하기 위하여 천도 2년 후인 1234년부터 본격적으로 쌓기 시작한 토성(土城)이다. 강화읍성 역시 1270년 개경 환도 직후 몽골의 강요로 헐려버렸다. 조선 전기에 규모를 축소하여 다시 축성했으나 1636년 병자호란 때 청군(淸

軍)에게 함락되면서 대부분 파괴되었다. 1677년 강화유수 허질(許
秩)이 고려 시대의 내성(內城) 규모로 앞면을 돌로, 뒷면을 흙으로
개축하여 길이가 7,122미터에 이르게 되었다.


## 진도로 가는 길

나는 진도를 답사하기 위해 10월 31일 오전 9시 30분, 서울고속
버스터미널로 갔다. 하루 1편만 있는 진도 직행버스는 오후 3시 35
분 출발이었다. 모로 가도 진도에 가기만 하면 될 것 아니겠는가.
그래서 그냥 오전 9시 35분에 출발하는 광주행 버스에 몸을 실었
다. 배낭 하나만 달랑 메고 혼자 떠나는 여행은 이처럼 홀가분해서
좋다.

오후 1시 30분, 광주종합버스터미널에서 하차하니 운 좋게도 진
도행 직행버스가 15분 뒤에 출발한단다. '땅끝' 해남군의 우수영
에서 하차해 걸어서 진도대교를 건넜다. 해남군과 진도를 잇는 진
도대교 아래가 바로 정유재란(1597년 9월) 때, 13척의 함대로 일본
함대 133척과 대결해 31척의 왜선을 침몰시킨 명량대첩의 현장인
울돌목(명량해협)이다. 울돌목은 폭이 1킬로미터 정도지만 간만의
차가 10미터나 되며 조류의 시속이 11.5노트에 달해 범선시대엔
진도로의 도항이 지난(至難)했을 것이다.

진도 쪽으로 들어가 망금산 아래 '전주횟집' 마당의 평상에 앉
으면 울돌목이 얼마나 거친 해협인지 대번에 알 수 있다. 마침 밀
물 때라 조류가 동쪽에서 서쪽으로 세차게 흐르고 있었다. 이곳은
'20리 밖에서도 물 흐르는 소리가 들린다'고 해서 울돌목이란 이

름을 얻었다.

더구나 수심(최저 1.9미터)이 낮아 항해하기 어려운 협수로이다. 묘하게도 협수로 곳곳에서 바닷물이 무수한 동심원을 그리며 소용돌이를 쳤다. 해남 쪽 바다를 보면 급한 물살이 해저의 바윗돌에 부딪친 듯 맥주 거품처럼 부글거리고 있었다. 삼별초로서는 강화해협보다 더 건너기 어려운 명량해협을 앞에 두고 진지를 구축한 셈이었다.

진도고등학교의 교사와 《진도신문》 발행인을 지낸 향토사학가 박명석씨를 만났다. 그가 모는 지프를 타고 용장산성과 남도석성(南桃石城) 답사에 나섰다. 진도는 동서와 남북이 100리에 이르러 국내에서 세 번째로 큰 섬이다.

용장산성은 진도의 북단에 위치해 있다. 진도읍내 중심가에서 18번 국도를 타고 20리쯤 북상하다가 '챙재' 삼거리에서 우회전하면 801번 지방도로로 접어든다. 여기서 2.5킬로미터쯤 더 가면 용장산성이 나타난다. 둘레가 약 13킬로미터에 이르며 산성 안 왕궁 터에는 계단 형상의 석축(石築 : 돌로 쌓아 만든 옹벽)이 남아 있다.

여기까지 와서 벽파진에 가지 않을 순 없다. 벽파진은 연륙교인 진도대교가 놓이기 전까지 진도와 육지를 잇는 이름난 나루터였고, 삼별초를 공격했던 여몽연합군도 이곳을 상륙 지점으로 삼았다. 훗날 명량전투 직전에 3도수군통제사 이순신의 함대가 본영(本營)을 설치했던 곳도 벽파진이었다. 용장산성에서 벽파진까지는 801번 지방도로를 따라 북진하면 10리도 채 되지 않는 거리다.

**진도 금갑포구** 삼별초의 마지막 지도자 김통정이 제주도로 도주하기 위해 배를 탄 곳이다.

## 배중손의 최후

용장산성과 벽파진에서 나와 읍내로 되돌아왔다. 이번에는 진도의 동쪽과 남쪽에 있는 항몽 유적지를 답사할 차례다. 박명석 선생이 모는 지프를 타고 진도읍 중심가를 벗어나자 곧 '논수골〔論首谷〕'이라는 마을이 보였다. 박 선생의 설명에 의하면, 삼별초의 왕(왕온)을 사로잡은 홍다구 등 몽골 장수들이 그를 참수할 것인지 여부에 대한 논란을 벌였다고 해서 이런 지명이 붙었다고 한다. 논수골 바로 동쪽에 '왕 무덤'이 있는데, 이것이 바로 홍다구에게 참수당한 왕온의 무덤이라고 전해진다.

여기서 조금 동쪽으로 가면 바닷가에 이르는데, 이곳에 금갑항이 있다. 금갑항은 삼별초의 최후지도자 김통정이 이끈 패잔병이 제주도로 도주하기 위해 배를 탔던 곳이라고 한다. 금갑항은 진도에서 제주도와 가장 가까운 거리의 항구로 20여 년 전까지만 해도 제주도행 뱃머리가 있었다. 요즘 제주도행 뱃머리는 금갑과 연도교로 이어진 접도(接島)로 옮겨졌다. 수심이 낮은 금갑항에는 대형 여객선이 입항할 수 없기 때문이다.

아직 갈 길이 바쁘다. 18번 국도로 진도의 최남단(임회면 남동리)에 이르면 남도성이란 이름의 석성이 버티고 있다. 이곳에서 배중손이 최후의 항전을 벌이다 자결했던 것으로 전해진다. 남도성 인근 굴포리 바닷가에는 배중손 사당이 있다. 이 사당 안에는 배중손과 삼별초 병사 및 지방 의병의 위패가 모셔져 있다.

박 선생에게 항몽전쟁 당시 진도 인구가 얼마 정도로 추정되는지 물었다. 그는 "강화도에서 1,000여 척의 배를 타고 내려왔다고 하니까 한 척의 승선 인원을 10명만 잡아도 1만여 명, 여기에다 진도의 원주민과 삼별초 정부에 귀순한 사람 등을 더하면 3만 명은 되었을 것"이라고 답변했다. 삼별초 패망 후 진도는 몽골군에게 초토화되었다. 그러면 그때 진도 사람은 다 어디로 갔을까.

박 선생은 "『고려사』의 기록에 1만여 명이 고려 정부군에 붙잡혔고, 또 몽골군도 많은 백성을 사로잡았다고 되어 있다. 그들 중 적어도 1만여 명은 합포(合浦 : 지금의 마산) 등지에서 일본 원정용 병선을 짓거나 전국 각지에 산재한 몽골군의 둔전에서 군량을 생산하는 노동에 동원되었을 것으로 추정된다"고 말했다.

고려 말기에도 진도는 왜구의 침탈이 극심해 빈 섬처럼 버려졌다가 조선 세종 때 현의 지위를 되찾았다. 현재 진도군의 인구는 약 4만 명이다.

제 2 장

여몽연합군의 불협화음

운명의 날―1274년 10일 20일 야간 작전회의에서 여몽연합군 지휘부의 견해는 두 가지로 엇갈렸다. 몽골 장수 흔도와 홍다구는 "피곤한 군사를 몰아 적지 깊숙이 들어갈 수 없다"면서 회선(回船)을 주장했고, 고려 장수 김방경은 "승세를 몰아 배수진을 치고 계속 공략하면 반드시 이긴다"고 맞받았다. 결국 몽골 장수의 계책대로 하카타 항으로 귀함(歸艦)한 여몽연합군은 그날 심야와 다음날 새벽에 걸친 폭풍우에 함대가 난파하는 큰 타격을 입고 말았다. 만약 김방경의 전술에 따라 육상 교두보를 확보해 무기와 군량을 비축해놓고 공세를 취했다면 일본의 역사는 크게 달라졌을 것이다.


### 함안 사람 조이의 계책


　몽골(원)의 황제 쿠빌라이는 왜 일본 원정을 감행했을까? 『원사』 「일본전」에 "1265년(지원 2), 고려 사람인 조이(趙彛) 등이 일본국과 교통해야 한다고 아룀으로써 사신을 뽑았다"는 구절이 나온다. 바로 이것이 쿠빌라이가 일본 침공을 결심한 동기였다고 한다.
　쿠빌라이가 남송 정복에 박차를 가할 때 조이가 "고려의 동방 해상에 일본이라는 나라가 있는데, 남송과 교역하는 밀접한 관계인 만큼 (남송을 고립시키려면) 일본을 초유(招諭 : 불러서 타이름)해 (몽골 편으로) 끌어들이는 게 좋다"는 계책을 내놓았다는 것이다.

조이는 경남 함안(咸安) 출신으로 일본과의 문호인 합포 및 김해와 가까워 일본 사정에 정통했다. 그는 몽골군의 고려 침입 때 몽골로 들어가 관료가 되었는데, 진사시(進士試)에 합격할 정도로 수재였던 데다 여러 나라 말을 구사했으며 행정 수완도 상당했던 것으로 전해진다. 그는 곧 두각을 나타내 쿠빌라이의 신임을 받게 되었다. 그런 그가 쿠빌라이로부터 "어떻게 남송을 제압할 것인가"라는 질문을 받고 위와 같이 답변했다는 것이다.

조이의 계책에 따라 쿠빌라이는 일본에 '정중한' 국서를 보내 통교(通交)를 요구했다. 국서가 비록 정중한 형식을 띠었다고는 하지만 그 골자는 물론 일본에 대해 복속을 촉구하는 것으로 만약 이를 거부하면 무력 행사도 불사하겠다는 점을 은근히 드러내고 있었다.

이 같은 통교 요구가 침략 전쟁으로까지 발전하게 된 것은 물론 일본이 복속을 거부했기 때문이다. 한편 고려 정부는 처음부터 몽골의 일본 원정을 저지하기 위해 부심했다. 일본 원정을 강행할 경우 인적·물적으로 피해가 가장 큰 나라는 고려 자신이 될 가능성이 높을 수밖에 없었다.

그렇다면 당시 고려와 일본의 관계는 어떠했을까. 고려는 신라 이래 한반도를 자주 침범한 일본을 '화외(化外 : 가르쳐도 말귀를 못 알아들음)의 나라'로 치부하고 늘 멀리하는 정책을 구사했다. 이에 따라 양국 사이엔 사절의 왕래가 없었다. 다만 변경 백성들의 상업적 왕래와 상호간 표류민의 송환만이 이뤄지고 있었다.

이런 양국의 관계가 악화된 것은 1223년(고종 10) 5월이었다. 이때 왜구가 금주(金州 : 지금의 김해로 고려 시대엔 이곳이 대일 교통의 요지였음)를 노략질했다. 이것이 사적(史籍)에 나타난 왜구의 시초였다. 이로부터 원종 시대에 걸쳐 왜구의 출몰이 빈번해 고려 조정은 때로 일본에 사신을 보내 왜구의 단속을 요청하기도 했다. 이런 상황에서 육상제국에 이어 해상제국 건설을 꿈꾼 몽골의 쿠빌라이는 한반도를 징검다리로 삼아 일본열도까지 집어삼키려 했다.


## 고려 재상 이장용의 '연극'

조이의 진언이 있었던 다음해인 1266년(원종 7) 11월, 쿠빌라이는 병부시랑(국방차관) 흑적과 예부시랑 은홍(殷弘)을 강도(江都 : 강화도)에 보내 다음과 같은 조서를 전달했다.

너희 나라 사람 조이가 와서 고하되 '일본은 너희와 가까운 이웃으로 전장(典章 : 제도와 문물)과 정치에 볼 만한 것이 있다'고 하였다. (또 일본은) 한(漢)·당(唐) 이래로 중국에 사신을 보내기도 했으므로 지금 흑적 등을 보내 통화(通和)하려 한다. 경(卿 : 고려 국왕 원종)은 사신이 갈 수 있도록 길을 열도록 하라. 풍도험조(風濤險阻 : 바람과 파도가 험하게 막음)를 이유로 사양해서는 아니 될 것이다.

조서의 내용은 흑적 등 일본초유사(日本招諭使)의 길 안내를 요구하는 것이었다. 흑적 등은 일본에 보내는 쿠빌라이의 국서도 휴대했는데, 그 말미에 "서로 통호(通好)하지 않는 것을 어찌 일가(一家)의 이치라 하겠는가. 또 군사를 동원하는 데까지 이른다면 그것이 누구에게 좋을 것인가. 왕은 그것을 깊이 생각하라"고 쓰여 있었다.

쿠빌라이의 일본초유사 파견이 엄청난 재앙의 씨앗이 될 것을 예견한 인물이 있었으니, 바로 당시 고려의 재상 이장용(李藏用)이었다. 그는 어떻게든 초유사의 일본행을 막으려 했다. 그리고 나중에 국서의 내용을 알고 쿠빌라이의 욕망이 쉽게 이뤄지지 않을 것을 내다보았다.

섬나라라는 지리적 이점 때문이기는 하지만 스스로 유사 이래 한 번도 외침을 당하지 않았다는 자부심─더구나 교토(京都)의 천황(天皇)을 힘으로 누르고 실질적으로 일본을 지배하고 있는 가마쿠라(鎌倉) 막부가 그 같은 위협적인 언사에 굴복하여 회유될 것이라고 생각하지 않았다. 그렇다면 더욱 난처해지는 건 고려였다. 결국 몽골은 일본 원정을 감행할 것이고, 그럴 경우 고려가 선봉을 강요당해 상당한 희생을 치를 수밖에 없었던 것이다.

이에 이장용은 몽골 사신의 일본행을 저지하기 위해 한 편의 연극을 연출했다. 흑적 등 몽골 사신에게 "일본 회유가 백해무익하고 중도의 바다는 험난하기 때문에 변고를 당하지 않을까 염려된다"는 편지를 보냈던 것이다.

흑적과 은홍은 출발 직전에 이장용의 편지를 읽었다. 바다에 약한 그들은 잔뜩 겁을 집어먹었던 것 같다. 일단 몽골 사신 일행은 고려의 추밀원부사 송군비(宋君斐) 등의 안내로 합포를 경유해 거제도까지는 건너갔지만 이듬해 정월 그냥 되돌아왔다. 흑적 일행은 "바람과 파도가 험난하여 귀국하게 되었다"고 쿠빌라이에게 보고했다. 오늘날의 거제대교가 놓인 해협 하나를 겨우 건넌 다음 엄살을 부린 셈이다. 이로써 이장용이 연출한 '연극'은 일단 성공을 거두었다.

고려 조정은 흑적 등이 귀국하는 편에 송군비를 딸려 보내 그 전말을 소상히 밝혔다. 이때 이장용도 쿠빌라이에게 다음과 같은 변명 서신을 보냈다.

> 거제도에 이르러 멀리 쓰시마 섬(對馬島)을 바라보니 대양만리(大洋萬里)의 풍파가 하늘을 찌를 듯하니 어찌 상국의 사신을 받들어 위험을 무릅쓰고 가볍게 나아갈 수 있겠습니까. 설사 쓰시마 섬에 이를지라도 그 풍속이 완고하고 추악해서 예의가 없습니다. 만약 불궤(不軌 : 법이나 도리를 지키지 않음)가 있으면 장차 어찌하오리까. 이리하여 모두 두려워하매 마침내 돌아오게 되었습니다. 일본은 본래 소방(小邦 : 고려)과 통호하지 않았고 다만 쓰시마 섬 사람들이 간혹 무역의 일로 금주(金州)를 왕래할 따름입니다.

그러나 쿠빌라이의 야망은 좀처럼 수그러들지 않았다. 쿠빌라이는 1267년(원종 8) 8월에 흑적·은홍 등을 다시 보내 고려의 무성의함을 질책하고 일본과의 교섭을 고려에 맡기며 '일본을 타일러 요령(要領)을 얻도록' 요구했다. 고려 조정은 기거사인(起居舍人 : 문하부의 종5품 벼슬) 반부(潘阜)를 사신으로 삼아 쿠빌라이의 조서와 고려의 국서를 일본에 보냈다.

반부는 이듬해 정월에 다자이후(大宰府 : 규슈에 소재한 일본의 대외창구)로 건너가 양국의 국서를 전하고 당시 대륙의 정세를 일깨위주었지만 그들은 시종 꿈쩍도 하지 않았다. 또한 당시 일본의 실권을 장악한 막부의 소재지 가마쿠라나 조정의 소재지인 교토에 국서를 보내지 않고 5개월 동안이나 고려 사신을 다자이후의 수호소(守護所)에 머물게 하면서 박대했다.

그러나 반부의 사행(使行)이 일본에 엄청난 충격을 준 것만은 틀림없었다. 일본 조정에서는 제관(祭官) 등을 신궁(神宮)과 산릉(山陵)에 보내 국난을 고했고, 여러 신사와 사찰에서는 신불(神佛)의 자비를 빌었으며, 가마쿠라 막부는 무사들에게 명해 연해의 수비를 엄중히 했다.

결국 반부는 그들로부터 답서도 얻지 못하고 같은 해 7월에 돌아오고 말았다. 고려 조정은 곧 반부를 몽골에 보내 전말을 보고했다. 그러나 쿠빌라이는 그 말을 믿지 않고 같은 해 11월에 또다시 흑적·은홍을 고려에 보내 일본으로 가는 길을 트도록 요구했다.

같은 해 12월, 고려 조정은 지문하성사(知門下省事 : 중서문하성의 종2품 벼슬) 신사전(申思佺) 등에게 흑적·은홍 등을 인도해 일본에 건너가게 했다. 이 일행은 1269년 3월에 쓰시마 섬까지만 가서 섬사람 두 명을 사로잡아 돌아왔다. 아마도 빈손으로 돌아가면 쿠빌라이에게 질책을 받을까 염려했던 것 같다.

어떻든 쿠빌라이는 왜인 두 명을 잡아온 데 대해 크게 기뻐하면서 고려 사신 신사전을 치하했다. 또한 왜인 두 명을 후대한 뒤 본국으로 돌려보내도록 했다. 송환 책임은 고려가 떠맡았다. 같은 해 고려의 김유성(金有成) 등이 왜인 두 명을 데리고 쓰시마 섬에 들러 돌려주고 다자이후로 건너가 여·몽 양국의 국서를 전했다. 그러나 역시 일본의 답서는 얻지 못했다.

이렇게 쿠빌라이는 1266년의 제1차 초유에 이어 1267년 제2차 초유, 1268년의 제3차 초유, 1269년의 제4차 초유 등을 거듭 시도했다. 그럼에도 일본 측은 전혀 응답을 보이지 않았다.


## 병선 건조의 요구

쿠빌라이는 일본에 대한 초유책(招諭策)을 구사하는 한편 일본 원정을 준비하기 위해 고려에 병선 건조를 강요했다. 쿠빌라이의 속셈이 무엇인가가 드러난 것이다.

고려 조정은 1267년(원종 8) 11월에 왕제(王弟)인 안경공 창을 하정사(賀正使)로 몽골에 보낸 바 있다. 이때 안경공은 쿠빌라이에게 고려 사신 반부의 일본 파견을 보고했다. 이에 쿠빌라이는 전투 준비, 군량 운반, 민호(民戶)의 조사 등 몽골의 요구를 이행치 않은 것과 환도의 지연, 공물의 조악함, 일본과의 통교 사실을 부인한 것 등을 들어 안경공을 면전에서 질책했다. 이어 쿠빌라이는 이듬해 3월에 조서를 보내 "아조(我朝 : 몽골)에서 바야흐로 남송을 치게 되니 사졸과 전함을 보낼 것이며 군량을 비축해두라"고 요구하면서 당시 집권자인 김준과 시중 이장용에게 국서를 가지고 와 자세히 아뢸 것을 명했다.

김준은 천도의 일로 바쁘다는 평계를 대며 출국하지 않고, 이장용만 국서를 휴대하고 그해 4월 몽골에 들어갔다. 김준은 60여 년 간 집권한 최씨 무인정권을 타도하고 고려 군부의 새로운 실력자 로 등장한 인물이다. 고려 재상 이장용을 접견한 쿠빌라이는 징병 의 목적과 조선의 숫자까지 밝히며 다음과 같이 말했다.

> 출군을 명하면 너희들은 장차 어디로 가려는지 의심하면서 그 목적 지를 혹은 남송이라고도 하고 혹은 일본이라고도 한다. 또 너희들에 게 만약 우마를 징발한다고 하면 분명 어렵다고 말할 것이나 너희들 은 항상 배를 사용하고 있으니 어찌 어려울 게 있겠느냐. ……병선 의 일은 가서 국왕에게 상세히 전하라. 마땅히 배 1,000척을 짓되 능 히 군량 3,000~4,000석을 싣고 대해를 건널 수 있는 견고한 것이어 야 한다.

고려 조정은 그해 8월에 대장군 최동수(崔東秀)를 몽골에 보내 "군사 1만 명을 징발하고 병선 1,000척의 건조에 착수했다"고 보고 했다. 같은 해 10월, 쿠빌라이는 이를 검열하기 위해 명위장군도통 령(明威將軍都統領) 탈타아(脫朶兒) 등 14명을 파견하면서 원종에 게 다음 내용의 조서를 보냈다.

> 군병과 선척(船隻)의 점검에 관한 일인 바, 혹 남송이 될지 일본이 될 지는 상황에 따라 적절히 판단할 것이다. 따라서 관원을 보내 흑산 (黑山)과 일본으로 통하는 길을 살펴볼 터이니 경은 당장 관리를 차 출하여 사신들을 그곳으로 인도하라.

위의 조서를 보면, 당시 쿠빌라이는 수군으로 먼저 남송을 칠지 일본을 칠지 아직 결정을 못했던 것 같다. 다만 함선 건조 등 도해(渡海) 작전 준비만을 요구했다. 위에서 말한 흑산은 지금의 흑산도로서 고려와 남송을 잇는 해상교통의 중요 기항지였다.

그러나 쿠빌라이는 곧 일본 침략의 속셈을 드러냈다. 1270년(원종 11) 11월, 일본 정벌의 사전 준비를 위해 고려에 둔전경략사(屯田經略司)를 설치했다. 흔도와 사추(史樞)에게 군사 5,000명을 거느리고 금주에 둔전케 하고, 홍다구에게도 고려인 2,000명을 붙여 둔전케 했다.

이렇게 일본 원정을 목적으로 한 몽골의 둔전 정책은 고려 백성에 막대한 고통을 가져다주었다. 1271년 4월, 원종은 쿠빌라이에게 글을 올려 "가을까지 군량과 말먹이는 힘이 닿는 데까지 조달할 것이니 백성들이 굶어죽지 않도록 해줄 것"을 호소했다.


## "이리처럼 용맹하여 살육을 좋아하고…"

쿠빌라이는 둔전 정책을 강행하는 한편 일본에 대한 회유 공작도 병행했다. 1270년 12월, 섬서로선무사(陝西路宣撫使) 조양필(趙良弼)을 비서감(秘書監)에 임명하여 일본에 국신사(國信使)로 파견했다. 조양필은 1271년 9월 금주에서 배를 타고 규슈로 건너갔다.

제5차 사신 조양필은 여진족으로 고령에도 불구하고 일본초유사를 자원하여 일본이 조공을 거부하면 출병하겠다는 쿠빌라이의 의사를 통고했다. 그는 이전의 네 차례에 걸친 초유사와 달리, 교토로 가서 천황과 직접 교섭하겠으니 통로를 열어달라고 다자이후에 요구했다. 가마쿠라 막부와 교토 조정 사이를 갈라놓으려는 책략이었다.

호조 도키무네 초상　그는 원나라와의 타협을 거부하고 강경책으로 맞섰다.

다자이후가 수십 회에 걸친 그의 요청을 거부하자, 그는 국서의 사본을 만들어 가마쿠라 막부에 보냈다. 당시 가마쿠라 막부의 최고 권력기관인 '싯켄(執權)'을 장악한 인물은 나이 18세에 불과한 호조 도키무네(北條時宗 : 1251~1284)였다. 도키무네는 단호하게 조공을 거부하고 교토 조정의 타협적인 태도를 억누른 다음, 서일본의 슈고(守護 : 지방장관)와 지토(地頭 : 우리나라의 현감 정도의 벼슬)들에게 방위 태세를 갖추도록 명했다.

쿠빌라이는 제5차 초유의 실패 이후에야 일본이 위협만으로는 결코 굽히지 않을 것이라는 점을 깨달았다. 그래서 즉각 고려에 병선 900척의 건조와 병사의 징발을 명했다.

가마쿠라 막부로부터 답서를 받지 못한 조양필은 1272년 1월, 고려의 수도 개경을 경유하여 연경으로 되돌아갔다. 그때 그는 다자이후의 동의를 얻어 일본인 열두 명을 동행시켜 체면치레를 하려고 했지만 쿠빌라이는 왜인의 접견을 허락하지 않고 즉각 일본으로 되돌려 보내라고 명했다.

이리하여 1272년 4월, 일본인 열두 명의 송환을 겸해 파견된 제6차 초유사가 일본으로 건너갔다. 이때의 정사(正使)도 조양필이었다. 그는 이후 약 1년간 다자이후에 머물면서 일본의 국정(國政)·관제(官制) 및 주군(州郡)의 명칭과 지리·풍속·특산물 등을 견문한 보고서를 작성해 쿠빌라이에게 올렸다.

이때 쿠빌라이는 일본 원정의 장애물이었던 삼별초를 완전히 토벌하고 일본으로 출병을 결의하면서 조양필에게 의견을 물었다. 그러나 조양필은 쿠빌라이의 뜻에 영합하지 않고 다음과 같이 그 무모함을 간언했다.

신이 일본에 머문 지 세여(歲餘 : 1년여), 그 풍속을 살펴보니 낭용(狼勇 : 이리처럼 용맹함)하여 서로 죽이기를 좋아하고 군신·부자·상하의 예를 알지 못합니다. 또한 땅이 척박하여 농사를 지어도 이익이 없습니다. 그리하여 백성들을 얻어도 부릴 수가 없고, 땅을 얻어도 부가 축적되지 않을 것입니다. 게다가 주사(舟師 : 수군)가 바다를 건너다 시도 때도 없이 불어닥치는 해풍(海風)의 화해(禍害 : 재난)를 만날까 염려됩니다. 이것은 유용한 인력을 가지고 끝이 없는 거학(巨壑 : 큰 구덩이)을 메우려는 것과 같습니다. 신이 생각건대, (일본을) 치지 않는 것이 좋겠습니다.

# 일본 최초의 무사정권, 가마쿠라 막부

그렇다면 당시 일본은 어떤 상황이었을까? 이때 일본은 가마쿠라에 있던 막부가 천황을 허수아비로 만들고 전 국토를 지배하고 있었다. 당시 신흥 세력으로 부상한 막부란 명칭은 고대 일본 열도의 동쪽 미개발 지방에서 자주 반란을 일으켰던 에조(蝦夷)와 관련이 있다.

서기 794년 조정은 에조를 정벌하기 위해 군대를 파견했는데, 최고지도자를 정이대장군(征夷大將軍)이라 불렀다. 이를 줄여 쇼군(將軍)이라 했다. 원래 막부란 쇼군이 전쟁터에 머물면서 작전을 지휘한 천막(야전텐트)이었다.

그러다가 1192년 미나모토 요리토모(源賴朝)가 군사력을 바탕으로 일본 최초의 무사정권을 수립함에 따라 군사정부의 소재지, 나아가 군사정부 그 자체를 일컫는 말이 되었다. 미나모토 요리토모는 자신의 군사거점인 가마쿠라에 막부를 설치했던 것이다. 이로써 세계사에 유례가 없는, 한 나라에 두 정부가 태어났다. 미나모토 요리토모가 설치한 가마쿠라 막부는 천황 이하의 교토 조정은 그대로 두되, 천황은 정치에서 완전히 격리시켜 제사 등 종교적 권한만 갖도록 제한했다.

앞에서 본 바대로 고려에서도 12세기 초에서 13세기 중반까지 무신정권이 국정을 주물렀다. 고려와 일본, 양국 모두 귀족들이 토지를 겸병함으로써 국가 기강이 무너지자, 칼 가진 무인들이 들고 일어나 그들의 세상을 만들었다는 점에서 비슷한 과정을 거쳤지만 이후 양국의 역사 전개과정은 전혀 달랐다.

대륙과 접한 한반도에서는 외적 침입이라는 변수가 크게 작용해 무신정권이 100여 년 만에 붕괴되었다. 반면 일본 열도는 외국의 간섭을 전혀 받지 않는 섬나라란 특성 때문에 이후 675년간의 기나긴 세월 동안 무사가 정권을 지배하는 사회를 지속시켰다.

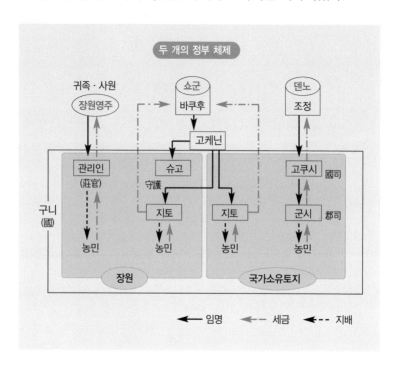

가마쿠라 막부는 교토 정부의 실권을 모두 빼앗아 새로운 제도를 만들었다.

가장 중요한 것은 부와 권력의 원천인 땅과 세금을 다루는 일이었다. 막부는 전국 각지에 무사계급 출신의 슈고 1명씩을 임명했다. 슈고란 막부가 지방에 내려보낸 행정관으로 치안·경비를 맡는 조정의 국사(國司)를 대신했다. 슈고 밑에는 세금을 거두는 책임자로 지토를 파견해 조정 측의 군시(郡司)를 무력화시켰다.

일본 최초의 무사정권인 가마쿠라 막부 시대를 연 미나모토 요리토모는 1199년에 사망했다. 그 뒤를 이어 장남 요리이에(賴家)가 제2대 쇼군이 되었지만 자질 부족으로 요리토모의 처이자 요리이에의 어머니인 마사코(政子)에 의해 쫓겨나고, 이후 모든 정책은 13인의 고케닌(御家人) 회의에서 결정되었다.

마사코는 남편 요리토모의 가마쿠라 막부 창업에 지대한 공로가 있는 여장부였다. 당시 막부의 실세인 고케닌의 우두머리가 바로 요리토모의 장인이자 마사코의 아버지인 호조 도키마사(北條時政)였다.

마사코와 도키마사 등 호조 일가는 제2대 쇼군 요리이에를 암살하고, 동생인 사네토모(實朝)를 제3대 쇼군으로 세웠다.

호조 도키마사는 외손자인 쇼군과 딸 마사코를 등에 업고 막부의 실권을 장악해 싯켄 자리에 올랐고, 싯켄의 지위는 그의 자손에게 대대로 상속되었다. 도키마사가 죽은 뒤 제2대 싯켄 자리에는 그의 장남 호조 요시도키(北條義時 : 1163~1224)가 올랐다.


가마쿠라 막부를 장악한 호조 가문


1219년 5월, 막부를 뿌리째 흔드는 사건이 터졌다. 막부 행사장에 갑자기 뛰어든 괴한이 3대 쇼군 사네토모를 단칼에 베어 죽이고 만 것이다. 범인은 권좌에서 추방된 후 곧 암살된 제2대 쇼군 요리이에의 아들 구교(公曉)였다. 호조 가문의 사주로 칼을 휘두른 구교는 즉각 참수형에 처해졌다. 이른바 살인멸구(殺人滅口)였다. 이로써 가마쿠라 막부를 세운 겐지(源氏) 가문은 대가 끊겼다.

이 사건은 막부 타도를 노리던 교토의 고도바(後鳥羽) 상황(上皇)에게는 절호의 기회였다. 일본 역사를 보면 상황이 나이 어린 천황에게 옥좌를 물려준 후에도 원(院)이란 옥상옥(屋上屋)의 기구를 설치해놓고 천황 뒤에서 조종하는 경우가 많았다. 이를 '원정(院政)'이라 부른다. 1221년, 고도바 상황은 마침내 군사를 끌어모아 가마쿠라 막부 토벌 명령을 내렸다.

"만세일계(萬歲一系)의 천황과 그 조정을 능멸하고 멋대로 막부를 세워 나라를 어지럽힌 역적 무리를 타도하라."

상황의 군대가 출동했다는 소식이 전해지자 막부의 무사들은 술렁이기 시작했다. 대의명분 상 신하가 상황 또는 천황에게 칼을 겨눈다면 '조적(朝敵)'이 되는 것이었다.

어느 편에 설지 갈피를 못 잡고 있던 막부의 무사들에게 홀연히 나타난 여인이 있었으니, 이미 불가에 귀의해 비구니가 된 마사코였다. 그녀는 가마쿠라 막부의 창시자인 미나모토 요리토모의 아내이자 제2, 3대 쇼군의 어머니로, 이장군(尼將軍 : 비구니 쇼군)이란 별명을 지니고 있었다. 마사코는 급보를 듣고 쇼군의 정원을 가득 메운 무사들 앞에 나타나 간절한 어조로 호소했다.

"여러분, 내 말을 잘 들으시오. 내 부군 요리토모 님이 조정의 간신배를 몰아내고 막부를 연 지 서른 해……. 고케닌을 비롯한 무사 여러분이 힘을 합쳐 싸우지 않았다면 오늘 우리는 없었을 것이오. 이 자리에 요리토모 님의 은혜를 입지 않은 분이 있다면 한번 나와 보시오. 이제 와서 그 은혜를 저버리고 우리 목에 칼을 겨누는 조정의 간신배와 싸우지 않는다면 그대들이 천금(千金)보다 귀중하게 여기는 의리란 도대체 어디에 있단 말이오!"

마사코의 연설은 즉각 효력을 발휘했다. 무사들은 막부가 수립되기 전, 귀족들에게 마구 휘둘리던 자신들의 비참했던 생활이 떠올랐다. 만약 지금 막부가 멸망한다면 자신들은 다시 비참했던 대번역(大番役 : 각 지방 출신 무사들이 교대로 상경해 3년씩 궁중 경비를 담당하던 일) 등의 고초를 겪을 게 뻔했다. 더욱이 막부로부터 교부받았던 생활의 근거지인 땅도 뺏길 수밖에 없었다. 무사들은 자신들의 터전을 지키기 위해서라도 일치단결해 상황군에 맞서 싸워야만 했다.

이런 가마쿠라의 무사들에게 상황군은 적수가 되지 못했다. 6월 5일, 교토 근교 기소(木曾) 강변에서 막부군과 충돌한 상황군은 제대로 싸워보지도 못하고 붕괴했다. 전쟁은 불과 1개월 만에 막부군의 압도적 승리로 끝났다. 일본 역사에서는 이를 '조큐(承久)의 난'이라고 부른다. '조큐의 난' 이후 막부는 다음과 같은 조치를 취했다.

1. 고도바 상황을 오키 섬(隱岐島)에, 쓰지미가도(土御門) 상황을 도사(土佐)에, 준도쿠(順德) 상황을 사도 섬(佐渡島)에 귀양보냈다. 추교(仲恭) 천황은 폐하고, 고호리가와(後堀河) 천황을 즉위시켰다.

2. 정벌을 주도한 공가(公家 : 귀족)와 이들에게 동조한 무사를 참수했다.

3. 상황의 개인 토지를 몰수해 전공(戰功)이 있는 고케닌 및 사사(社寺 : 신사와 사찰)에 나누어주었다.

이 조치들로 교토의 천황 조정은 완전히 힘을 잃어, 심지어 차기 천황의 계승 문제까지 막부의 허락을 받아야만 했다. 또한 겐지(源氏) 가문의 대가 끊김으로써 막부는 사실상 호조 가문의 지배 아래 들어갔다.

쿠빌라이가 일본에 초유사를 처음 파견한 것은 열여덟 살의 호조 도키무네가 제8대 싯켄으로 취임한 1268년이었다. 도키무네는 일본의 굴복을 요구하는 쿠빌라이의 국서를 보고 격노했다. 만약 쿠빌라이에게 굴복해 그의 휘하로 들어간다면 가마쿠라 막부 체제는 당장 붕괴할 게 뻔했기 때문이다. 호시탐탐 기회를 노리고 있는 교토의 천황 조정은 쿠빌라이의 책봉을 받아 세력을 만회하고, 반(反)호조 무사들도 몽골이란 '호랑이의 위세'를 빌려 호조 가문 타도에 나설 우려가 있었다.

이에 도키무네는 호조 가문의 실력자들을 잇달아 등용하여 강력한 체제 구축에 전념했다. 겁 모르는 18세 청년의 패기가 일본 역사상 최대의 위기를 타개하는 데 오히려 도움이 된 것인지도 모른다. 특히 1269년 남송(南宋)에서 초빙한 대휴정념(大休正念)이란 선승(禪僧)에게 자문을 받으면서 도키무네의 대외 강경노선은 더욱 굳어졌다.

대휴정념은 일본으로 건너오기 전 국토가 몽골군에게 유린당하고, 권신(權臣) 가사도(賈似道)의 국정 농단으로 남송의 멸망이 멀지 않았음을 간파했다. 그래서 도키무네에게 쿠빌라이의 야망과 망국의 비애를 역설했다. 이로써 도키무네는 권력 기반을 한층 더 강화하고, 국론을 통일하여 외적에 대항한다는 방략을 확실히 굳혔다.

## 고려 백성들의 무거운 짐

1273년 5월, 마지막으로 보낸 초유사 조양필이 귀국함으로써 쿠빌라이는 일본의 복속 거부 의사를 거듭 확인했다. 쿠빌라이는 제주도로 도주한 삼별초 잔당을 평정한 뒤 개경으로 개선한 장수들을 원의 대도(大都 : 지금의 북경)로 불러 회의를 열고 일본 정벌을 결의했다.

그해 7월 쿠빌라이는 고려의 장수 김방경을 불러 연말까지 대도에 머물게 하면서 융숭히 대접했다. 이는 해전에 능숙한 김방경을 이용하려는 속셈이었다.

1274년 1월, 홍다구는 선박 건조를 서두르기 위해 공장(工匠)과 인부 3만 500명을 혹독하게 다그쳤다. 당시 조선소는 목재가 풍부한 부안의 변산반도(邊山半島)와 장흥의 천관산(天冠山)에 소재했다. 그해 5월 말, 대선 300척과 소선 600척을 합해 모두 900척의 선박이 건조되었다.

불과 4개월 만에 대소 함선 900척을 건조한 것은 몽골 측, 특히 홍다구의 악랄한 독촉 때문에 가능했다. 홍다구의 가혹한 채찍질 아래, 물속에서 밤낮 돌관(突貫) 작업을 강요당한 기술자와 인부들의 참상은 차마 눈뜨고 볼 수 없을 지경이었다. 그들의 다리는 썩어들어 상처 안에 구더기가 들끓기도 했다.

원정군 지휘부는 흔도·홍다구·유복형(劉復亨) 및 고려 장수 김방경 등 4인으로 구성되었다. 총사령관은 흔도, 홍다구와 유복형은 각각 우부원수(右副元帥)와 좌부원수였다. 고려군을 이끄는 김방경에게는 승상(丞相) 다음의 개부의동삼사(開府儀同三司)라는 작위가 수여되었다. 개부의동삼사라면 일찍이 신라·백제·고구려 임금들이 수(隋)·당(唐)의 황제로부터 받은 작위였으나 홍다구·유복형보다 아래였다.

김방경은 쿠빌라이로부터 '발군(拔群)의 전공을 바란다'는 격려 및 황금 안장과 채복(綵服 : 비단옷)을 받고 귀국했지만 마음은 결코 밝지 못했다. 쿠빌라이가 고려에게 병사 8,000명과 뱃사공 1만 5,000명을 차출하도록 명했기 때문이다.

40년에 걸친 몽골군의 침략, 3년에 걸친 삼별초의 반란으로 고려의 국토는 황폐화되어 백성들은 풀뿌리와 나무껍질로 연명하고 있었다. 고려 국왕 원종은 쿠빌라이에게 동원 병력을 병사 6,000명, 뱃사공 6,700명으로 낮춰달라고 간청했다.

원종의 요구를 수용한 쿠빌라이는 2만 명의 자국 병사를 동원했다. 그중 5,000명은 고려에 주둔하던 둔전병(屯田兵)이었고, 나머지는 새로 징발한 몽골족·여진족·한족(漢族) 장졸들이었다. 이밖에 수천 명의 뱃사공도 따로 징발되었다. 여기에 고려군과 합치면 4만 명에 가까운 병력이었다. 그들은 1274년 5월부터 잇달아 고려의 합포에 도착, 그 일대에 집결했다.

그리고 홍다구가 고려의 기술자 및 인부 3만여 명을 무자비하게 다그쳐 건조한 군함 900척도 합포에 집결했다. 출정 시기는 7월로 정해졌다.

그런데 출정을 앞둔 6월 18일 원종이 재위 15년 만에 병사하고 말았다. 원의 대도에서 고려 세자 심과 황녀 홀도로게리미실[쿠빌라이의 딸인 제국대장공주(齊國大長公主)]의 혼인이 거행된 직후의 일이었다. 그래서 세자 심[충렬왕(忠烈王)]의 즉위식과 원종의 복상(服

喪)이 잇달아 거행되는 바람에 출정 시기가 석 달 연기되었다. 원정군이 합포를 출항한 것은 원종의 유해가 개경 교외 소릉(韶陵)에 안장된 9월 12일의 다음 달, 즉 1274년 10월 3일이었다.


## 제1차 정벌군의 병력과 장비

제1차 원정군의 병력은 기록에 따라 다소 차이가 있지만, 『고려사』에는 몽골군이 2만 5,000명이고, 고려군은 장병 8,000명과 초공(梢工 : 뱃사공)·인해(引海 : 바닷길 안내자)·수부(水夫 : 배에서 허드렛일을 하는 일꾼) 6,700명 등 1만 4,700명이라고 기록되어 있다. 이를 모두 합치면 연합군의 총병력은 3만 9,700명이다. 고려군의 지휘부는 삼익군(三翼軍) 중군도독사(中軍都督使) 김방경, 부사(副使)는 좌군이 김선, 우군이 김문비(金文庇)로 구성되었다.

몽골군은 원정군 배후에서 독전대(督戰隊) 역할을 하고, 선봉은 고려군이 맡았다. 원정군의 편성은 천호제(千戶制)를 취해 그 아래로 백호(百戶)·십호(十戶)로 나누고 각각 지휘자를 두었다. 십진법의 편제, 이것은 유목민족의 전통적인 군사 시스템이었다.

합포를 출항한 병선 900척은 100~300톤급 선박인 천료주(千料舟) 300척, 상륙용 함정인 발도로경질주(拔都魯輕疾舟) 300척, 음용수를 실은 흡수주(吸水舟)가 300척이었다. 이중 장병과 군량, 말과 기타 군수품을 적재한 천료주가 주력함이었다. 상륙정 앞에 붙은 '拔都魯(바토르)'는 '용사'라는 뜻의 몽골어이다. 전함 1척이 각각 상륙정과 흡수주를 거느리고 있는 만큼 주도면밀하게 준비된 기동

부대라고 할 수 있었다.

몽골 병사들은 거창하게 갑주를 차려입은 일본 사무라이와 달리, 가능한 한 경장(輕裝)을 했으며 머리에 얇은 철제 투구를 쓰고 가죽 갑옷과 장화로 온몸을 보호하고 있었다. 무기는 손에 단궁(短弓) 혹은 장창(長槍)을 들고 허리에는 곡도(曲刀) 혹은 도끼를 찼다.

1.5미터 길이의 단궁은 탄력성이 강해 사정거리가 200미터에 달했는데, 이 무기를 지닌 병사들은 화살통을 여러 개 보유하고 있었다.

기타 무기로는 투척용 석탄(石彈)과 폭렬탄(爆裂彈)이 있었다. 이는 쇠 혹은 도자기로 만든 둥근 용기에 화약을 집어넣은 것으로, 점화해 투척하면 공중에서 작렬하여 엄청난 굉음을 냈다.

여몽연합군은 진지를 구축하면 거적이나 대나무로 만든 방벽으로 주위를 굳히고, 공격할 때는 고적(鼓笛)을 울려 사기를 북돋았다.


## 80기(騎)로 3만 대군을 막으러 나선 쓰시마 섬 도주

여몽연합 함대는 출항 이틀 후인 1274년 10월 5일(이하 여몽연합군의 일본 정벌 관련 날짜는 모두 음력) 오후 4시경, 쓰시마 섬 아랫섬의 서쪽 항구 사스우라(佐須浦 : 현재의 고모다 지역)에 상륙했다.

『팔번우동기(八幡愚童記)』라는 일본 사료에 따르면, 앞바다를 뒤덮은 이국 선박의 출현에 놀란 사스우라의 촌민들은 황급히 이즈하라(嚴原)의 국부관(國府館)으로 달려가 외적의 침입을 알렸다.

당시 쓰시마 섬 도주는 소 스케구니(宗助國)라는 68세의 늙은 사무라이였다. 그는 즉각 일족 80여 기를 이끌고 그날 밤 사스우라로

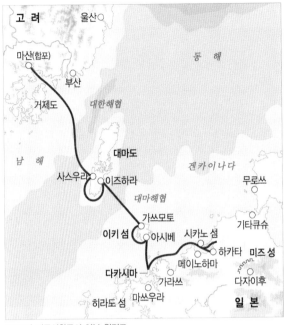

1274년 여몽연합군의 일본 원정로

달려갔다. 뒤따랐던 일족 중에는 스케구니의 어린 아들은 물론 칠순 노인까지 섞여 있었다. 이들이 이즈하라를 지키는 총병력이었다고 한다.

다음날인 10월 6일 오전 2시경, 소 스케구니 일행은 고모다에 도착했다. 그는 오전 6시 해안에 상륙해 있던 몽골군 지휘관에게 통역관을 보내 이곳에 온 이유를 물었다. 하지만 몽골군은 대꾸도 않은 채 화살을 비 오듯 퍼부었다.

『종씨가보(宗氏家譜)』에 따르면 소 스케구니가 부하들을 독전해 300명의 상륙 부대를 일단 바다로 물러나게 했지만, 여몽연합군은 다시 전함 7, 8척에서 약 1,000명의 병력을 상륙시켜 맹공을 가했

고모다 해안  여몽연합군 함대가 상륙한 지점. 잔잔한 물결이 흐르고 평화로워 보이는 곳이지만 당시에는 핏물이 바다를 벌겋게 물들였다.

다. 전투는 오전 6시부터 8시까지 계속되었는데, 2시간 만에 이즈하라 군은 전멸했다. 이 싸움에서 고려군은 선봉에 섰다. 소 스케구니는 전사 직전에 일족을 불러 "전장에서 탈출하여 위급함을 다자이후에 고하라"고 명했다고 한다.

소 스케구니는 노구에도 불구하고 선두에서 용감히 싸웠지만 이는 계란으로 바위를 치는 격이었다. 패할 줄 뻔히 알면서도 회피하지 않고 출진했다면 그건 책임감 때문이 아니었을까. 그는 장렬하게 전사함으로써 '무사의 임무'를 완수했다.

『대마도사(對馬島史)』에는 연합군의 주력부대가 쓰시마 섬 중앙부 아소(淺茅) 만에 집결, 그 일부가 고모다를 내습했다는 것으로 미루어볼 때, 고모다 이외에 쓰시마 섬의 주요 거점인 히타카츠(比田勝) 등지에도 상륙해 무사들을 제압하고 점령했던 것으로 추정되고 있다.

몽골군은 이후 열흘 가까이 쓰시마 섬에 머물며 약탈을 감행했다고 전해진다. 전투의 끝머리란 으레 그러한 것, 더구나 승자가 악명 높은 몽골군임에랴……. 화를 겨우 면한 주민들은 모두 깊은 산 속으로 피난했다.

쓰시마 섬을 정복한 연합군은 이즈하라 항 등지에서 약 열흘간 휴식을 취한 후 다음 공격 목표인 이키 섬(壹岐島)으로 진격했다.


우열을 가른 전투 방식의 차이


쓰시마 섬을 초토화시키고 출항한 여몽연합군 함대가 이키 섬

북부 해안에 모습을 드러낸 것은 1274년 10월 14일 오후 4시경이었다. 대선 2척에서 약 400명의 몽골군이 상륙하자 가쓰모토 주민들은 이를 즉각 세도우라(지금의 아시베 항)의 후나가쿠(船匿) 성에 알렸다. 성주는 이키의 슈고 대리인 다이라노 가게다카(平景隆)였다. 가쓰모토에 상륙한 여몽연합군은 하루를 묵은 후 동남쪽으로 진격했다.

다이라노 가게다카는 로도(郎黨 : 무가의 가신) 100기를 이끌고 서북쪽의 가쓰모토로 출진했는데, 그 길목인 히츠메 성 앞에서 연합군 대부대와 조우했다. 다이라노 가게다카는 예부터 내려오는 관례에 따라 부하에게 명해 우는살[명적(鳴鏑)]을 쏘아 개전 신호로 삼으려 했다. 하지만 몽골군은 이런 낡은 관례 따위는 아예 무시했다. 그러고는 종과 징을 요란하게 치면서 자신의 가계(家系)와 이름·전적(戰績) 등을 자랑스레 외치며 뛰쳐나오는 일본 무사를 에워싸고 말에서 끌어내려 개 패듯 때려죽였다.

일본군으로선 '이런 법이 어디 있느냐'라며 울부짖고 싶었을 것이다. 그 순간, 400여 명의 몽골군은 단궁에 화살을 메겨 난사하고 창을 휘두르며 육박해갔다. 이키의 일본군도 이에 응전해 드디어 격전이 벌어졌다.

치열한 전투로 날이 어둑해지자 몽골군은 종소리를 신호로 일제히 퇴각하기 시작했다. 몽골군의 무자비한 창과 화살 아래 일본군의 피해는 매우 컸다. 다이라노 가게다카는 거의 80퍼센트에 달하는 부하를 잃었다. 남은 병력은 겨우 20여 기에 불과했다. 그는 히츠메 성에 들어가 하룻밤을 버텼다. 당시 히츠메 성은 급히 건설한 방어 시설이었기 때문에 대군의 공격을 막아내기 어려웠다.

## 이키 섬을 결딴낸 몽골군의 잔학상

다음날인 10월 15일, 여몽연합군은 이른 아침부터 히츠메 성을 포위하고 맹공을 가했다. 다이라노 가게다카는 부하를 독려하며 분전했지만 결국 성이 함락되고 말았다. 그는 로도인 소사부로(宗 三郎)를 불러 다자이후에 위급함을 알리도록 명하고 스스로 배를 갈라 자결했다.

소사부로는 적의 포위망을 돌파해 세도우라의 후나가쿠 성으로 달려가 패전을 고한 후 기타큐슈의 하카타 항을 향해 배를 저어갔다. 후나가쿠 성에서는 성주인 다이라노 가게다카의 처가 단도로 아이들을 찔러 죽인 다음 그녀 역시 노모와 함께 자결했다. 싸움에 진 사무라이 아내의 전형적인 최후였다.

몽골군의 야전(野戰) 능력은 세계 으뜸으로 평가되며, 그 잔혹함에 있어서도 유례가 없었다. 원래 그들은 끝까지 저항하는 성에 대해서는 성을 함락한 후 주민들을 몰살하는 방법을 썼다. 몽골의 서양 정벌사를 보면 이런 몽골군의 흉포함이 널리 퍼져 싸워보지도 않고 성문을 여는 중앙아시아와 유럽 국가가 적지 않았다. 이는 상대방의 전의를 잃게 만드는 데 대단히 유용한 심리 효과를 가져왔다.

그때까지의 전황에 대해 『고려사』에는 다음과 같이 기록되어 있다.

이키 섬에 이르러 1,000여 명을 죽이고 길을 나누어 진격하니 왜인(倭人)들이 뿔뿔이 흩어져 달아났다. 죽어 넘어진 시체가 삼대(마의 줄기) 쓰러진 것처럼 많았으며, 날이 저물 무렵에 포위를 풀었다.

## 여몽연합군의 하카타 항 습격

1274년 10월 17일, 여몽연합군은 다카시마의 아오우(阿翁)와 후네가라쓰(船唐津)에서 상륙을 시도했다. 한편 마쓰우라의 무사들도 다급히 다카시마의 도노우라(殿浦)에 상륙했다. 그들은 남방의 곶에 산성을 구축하고 내습하는 여몽연합군에 항전했지만 중과부적으로 전멸에 가까운 타격을 입었다.

전황은 갈수록 일본에게 불리했다. 마쓰우라 무사를 비롯한 규슈의 고케닌들이 사력을 다해 싸웠지만 일본 기마 무사의 개인 전

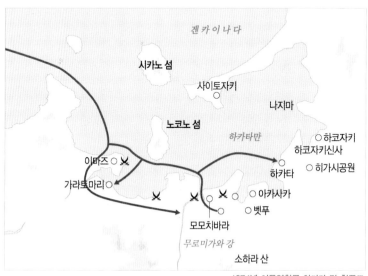

1274년 여몽연합군 하카타 만 침공도

**후쿠오카 시 소하라 산 원구전적비** 몽골군의 전진기지가 설치되었던 곳이다.

법에 대항한 연합군의 집단 전법, 그리고 당시 일본인으로선 상상하지도 못한 철포(鐵砲 : 몽골어로 '데츠하우'라고 발음함)의 위력에 압도당했다.

여몽연합군은 이어 다자이후 공략을 위해 곧바로 겐카이나다(玄界灘)의 서수도(西水道)를 거쳐 하카타 만으로 진격했다. 여섯 차례의 사신 파견, 특히 두 번에 걸친 몽골 사신 조양필의 장기체류로 규슈의 지리·풍속 등을 사전에 탐지해두었기 때문에 가능했다.

10월 19일, 일부 병력이 하카타 만의 서부 해안 이마즈(今津)에 발도로경질주(拔都魯輕疾舟)를 진격시켜 우선 외곽 교두보를 확보했다. 그리고 다음날 여명과 함께 하카타 만의 중앙부 사와라가와(早良川) 어귀에 위치한 모모치바라(百道原), 이키노하마(지금의 오키노하마), 하코자키(箱崎) 해안 등 3개 방면에서 연합군의 대규모 상륙작전이 전개됐다.

다자이후의 총사령관 쇼니 쓰네쓰케(少貳經資)는 쓰시마 섬과 이키 섬에서 전한 급보를 듣고 여몽연합군의 내습을 알고 있었기 때문에 곧 가마쿠라 막부와 교토의 로쿠하라단타이(六波羅探題)에 급사(急使)를 보냈다. 로쿠하라단타이는 가마쿠라 막부가 교토의 천황과 조정의 동태를 감시하기 위해 파견했던 기관이다.

그는 또 규슈 관내의 슈고(守護), 지토(地頭) 및 고케닌들에게 총동원령을 내렸다. 이 사태를 미리 감지했던 관원들은 즉각 하카타 만으로 집결해 진지를 구축하고 연합군 공격에 대비했다.

하카타 지구에는 쇼니 쓰네쓰케의 동생인 쇼니 가게스케(少貳景資)가 사령관으로 임명돼 주력부대를 이끌었다.

병력은 슈고인 쇼니·오토모(大友)·시마즈(島津) 부대가 각각 500기씩이었고, 31개 지토·고케닌의 평균 병력이 125기였으므로 합산하면 총 5,375기였다. 이는 일본 측 사료인 『원구기략(元寇紀略)』에 기록된 숫자이다. 사무라이 하나에 적어도 종자 1명이 따랐기 때문에 총병력은 1만 750명 이상이었다.

다음은 역시 일본 측 사료 『본토방위전사(本土防衛戰史)』에 기록된 하카타 방어전의 모습이다.

10월 19일, 이마즈 해안에 상륙한 일부 몽골 부대는 감시대(監視隊)를 밀어내고 성을 빼앗았다. 그중 일부는 다음날 모모치바라 해변에 상륙할 주력군을 엄호하기 위해 해안을 따라 동진해, 모모치바라의 남방 소하라(祖原) 산을 점거했다. 소하라 지구의 방어를 책임진 하라다(原田) 일족과 마쓰라도는 몽골군의 집단 전법과 신병기의 위력 앞에 무참히 유린당하고 패퇴했다. 지금은 공원이 조성된 소하라 산에는 '원구전적비'가 세워져 있다. 여기에 몽골군의 진지가 설치되었다고 한다.

## 고려군의 선전

10월 20일, 김방경이 지휘하는 고려군이 메이노하마 앞 오토(小戸) 해협을 항행해 여명과 더불어 사와라가와 어귀인 모모치바라에 상륙작전을 감행했다. 사와라가와의 현재 지명은 무로미가와(室見川)이다. 고려군이 상륙한 모모치바라 앞바다 쪽에는 현재 후쿠오카 시 고속도로 1호선이 달리고 있다.

고려군은 현재 모모치하마 우체국, 모모치하마 공민관(公民館 : 종합문화센터), 후쿠오카 시 종합도서관, 모모치 중앙공원, 후쿠오카 박물관 등이 들어선 평야 지대를 돌파해 지금의 대한민국 총영사관 방면으로 진출했다. 일본군의 하카타 지구 주력 방어선의 옆구리를 찌르는 데 유리한 세도우라를 점령하려고 북쪽으로 진격해 갔던 것이다.

고려군은 삼랑포[三郎浦 : 지금의 사와라(佐原)]를 거쳐 내륙으로 육박하면서 적을 닥치는 대로 쓰러뜨렸다. 『고려사』「김방경 전」에는 그때의 상황이 "복시여마(伏屍如麻), 즉 쓰러진 시체가 삼대와 같았다"고 기록되어 있다. 도원수 흔도는 이 같은 고려군의 선전을 보고 "비록 몽골군이 전투에 익숙하다고 하나 어찌 고려군보다 낫겠느냐"고 감탄했다.

일본 기록에 따르면, 하카타 지구 전선 사령관인 가게스케는 고려군의 상륙작전 급보를 듣고 아카자카(赤坂) 지구를 맡고 있던 기쿠치(菊池武房)에게 출격을 명했다. 기쿠치는 규슈의 중앙부에 솟은 아소 산 남쪽 기슭 일대를 다스리는 집안이었다. 하루 전 소하라 산을 급습해 점거하고 있던 몽골군이 기쿠치 군 배후에서 고려군과 양동작전을 벌이는 가운데 격전이 전개되었다.

이 전투에서 고려군은 모모치 벌판을 점령하고 북진해 현재 후쿠오카의 중심부를 강습했다. 하카타의 이키노하마 앞바다로 침입한 몽골군 주력부대도 이키노하마와 하코자키에 상륙하여 일본군을 패퇴시켰다. 이로써 일본군의 하카타 만 해안방위선 30킬로미터가 모두 붕괴되었다. 선봉에 선 고려군의 활약으로 연합군은 교전 첫날 대승을 거두었다.

## 가마쿠라 막부와 교토 조정의 뒤늦은 대처

봉화(烽火) 체제 및 역마(驛馬) 제도가 미숙했던 탓이겠지만, 교토와 가마쿠라 막부에서는 패전 상황을 상당한 시일이 지난 후에야 파악할 수 있었다. 다자이후에서 교토의 로쿠하라단타이로 파발마가 달려가 여몽연합군의 쓰시마 섬 내습을 보고했던 날짜가 10월 17일이었다. 10월 19일과 20일 하카타 만에서 전면전이 벌어졌다는 것은 물론 이키 섬이 점령당했다는 것조차도 10월 28일이 되어서야 보고가 들어갔다.

따라서 막부가 주고쿠(中國) 서부의 슈고에게 "몽골군이 공격해 오면 고케닌뿐 아니라 조정 공경(公卿) 관할하에 있는 본소일원지(本所一圓地)의 비(非)고케닌도 소집해서 방어전을 펼치라"고 하명한 것은 이미 전투가 끝나고도 열흘이 지난 11월 1일이었다. 본소일원지란 장원(莊園) 영주 등이 배타적인 권력을 행사하는, 막부 관할 밖의 영지를 말하는 것으로, 그 영내의 무사들이 비고케닌에

속했다. 이때부터 비고케닌들도 가마쿠라 막부가 임명하는 슈고의 지배하에 들어가게 되었다.

교토 조정에 대한 보고는 더욱 뒤늦어 그 다음날인 11월 2일에 가메야마(龜山) 상황이 외적 격퇴를 기원하는 친필을 역대 천황 능묘에 봉헌했다.

가마쿠라 막부는 쿠빌라이의 국서를 처음 받았던 1268년부터 서일본의 슈고들에게 몽골 내습에 대비해 경계를 엄중히 하도록 명령했다. 그 후에도 거듭된 사절의 도일에 위협을 느낀 막부는 이국경고번역(異國警固番役) 제도를 정했다. 이는 지쿠젠(筑前)과 히젠연안의 요충지를 규슈 여러 번(藩)의 지토, 고케닌에게 윤번으로 수비케 하는 제도였다. 개전 3년 전인 1271년에 이르면 규슈에 영지를 가지고 간토(關東)에 거주하던 고케닌까지도 규슈로 내려가 살도록 명했다.

1272년에 이르러 막부는 전국의 슈고들에게 영내의 지토, 고케닌의 영지뿐 아니라 사사(社寺)와 관청 소유지에 대해서도 그 지명, 전답의 넓이와 영주 이름을 조사해서 보고하도록 했다. 이는 닥쳐올 국난에 대비하여 총동원령을 발하기 위한 긴급조치였다. 그러나 1274년 쓰시마 섬, 이키 섬, 다카시마가 차례로 침공되었을 때까지 하카타의 방위 태세는 철저하지 못했다.


근대적 군대와 중세적 군대의 전투


쓰시마 섬과 이키 섬으로부터 몽골군 내습의 급보가 다자이후에

도착했을 때 이곳에 주둔하고 있었던 것은 이국경고번역의 책임을 진 쇼니 가문과 그들의 지배하에 있던 하라다 및 시마즈, 오토모 일족이었다. 그리고 진사이부교(鎭西奉行) 쇼니 쓰네쓰케가 총사령관으로 규슈 소재 9주(州)와 2도(島)를 통괄 지휘했다.

9주의 슈고 밑에 있던 지토, 고케닌은 이에노코(家子 : 무가의 자제), 로도(郞黨)와 잡병인 소종(所從)들을 지휘했다. 일본군은 여몽 연합군처럼 체계적으로 편성된 부대가 아니라 혈족을 단위로 하여 끌어모은 조직이었기 때문에 병력 수가 명확하지 않았다.

『원구기략』에 기록된 각 씨족의 병력을 합산하면 5,300기가 된다. 여기에 1기당 종자 1인을 가산하면 쇼니 휘하의 일본군은 대략 1만 600명이었다는 것이 후쿠오카 육상자위대의 견해이다.

다음으로 장비를 살펴보면 일본군의 경우 사무라이가 비교적 무거운 갑옷과 투구를 착용했고, 무기로는 긴 일본도와 활을 들고 나섰다. 일본에서는 전통적으로 백병전을 중시했다. 그래서 백병전이 벌어지면 긴 일본도를 능숙하게 휘둘렀지만, 몽골군이 단궁을 주무기로 삼아 적의 접근을 봉쇄했기 때문에 일본도는 전혀 힘을 발휘하지 못했다. 사서에 따르면 이 단궁의

진서봉행 쇼니 쓰네쓰케

사정 거리는 2정(丁), 즉 약 200미터였다. 일본군이 보유한 긴 활은 몽골의 단궁보다 크긴 했지만 사정 거리는 100미터에 불과했다고 한다.

일본 측 기록에 따르면 몽골군의 화살촉에는 독이 묻어 있어 대단히 치명적이었다고 한다. 또한 길이가 1미터 전후의 단궁인 까닭에 휴대가 편리했을 뿐 아니라 속사(速射)가 가능하여 일본군이 화살을 한 번 날리는 사이에 몽골군은 세 발의 화살을 쏘았다고 전해진다. 일본군은 이렇게 장비 면에서도 열세였다.

더욱이 일본군의 전투 방식은 여전히 『삼국지연의(三國志演義)』 시대를 크게 벗어나지 못하고 있었다. 우선 무사 한 명이 앞으로 나와 적진에 우는살을 한 발 쏘아 개전의 신호를 알렸다. 전투가 개시되면 적장과 맞서 "나로 말하면……"이라고 운을 떼며 자기 가문의 내력 및 이름, 벼슬, 전적(戰績) 등을 장황하게 늘어놓은 다음 1대1 대결을 통해 서로의 용력(勇力)을 뽐냈다. 이런 절차를 거친 후에야 본격적인 화살 싸움이 벌어졌고, 마지막으로 돌격을 감행하여 백병전으로 승패를 결정했다.

그러나 이런 고전적 방식은 조직적인 집단 밀집대형을 갖추고 징과 큰북을 치며 돌격해오는 몽골군의 전법에 비해 현격하게 후진적이어서 처음부터 승패가 뻔했다. 이는 근대적 군대와 중세적 군대의 충돌과 다름없었다.

## 몽골군의 신전법에 농락당한 일본군

그럼에도 불구하고 10월 20일 하카타 항의 하코자키 지구 전투에서는 시마즈(島津久經) 부대가 여몽연합군에 용감하게 맞서 싸웠고, 이키노하마 전투에서도 전선 사령관인 쇼니 가게스케 부대가 노도와 같이 밀려오는 몽골군에게 힘껏 항전했다. 쇼니 가게스케는 화살을 쏴 몽골군 부원수(副元帥)를 말 위에서 떨어뜨리는 전과를 올리기도 했다. 다음은 『팔번우동기』의 관련 기록이다.

> 가게스케는 부하들과 함께 힘껏 싸웠지만 전세가 불리해 퇴각했다. 이때 키 7척에 수염을 배꼽까지 늘어뜨린 적장 하나가 푸른 갑옷을 걸치고 위모(葦毛 : 갈대처럼 생긴 말갈기)의 말에 올라 14, 15기와 80명의 병졸을 이끌고 추격해왔다. 마술(馬術)에 뛰어났던 가게스케는 퇴각하면서도 뒤를 돌아보며 화살을 날렸는데, 그 화살이 선두에 선 대장의 가슴팍에 그대로 꽂혀 말에서 고꾸라졌다. (중략) 주인을 잃은 위모의 말은 금태 안장만 두른 채로 (전장 이곳저곳을) 헤매고 다녔다. 후에 말 주인의 이름을 물었더니, 바로 정동좌부원수(征東左副元帥) 유복형이었다.

『팔번우동기』는 국난 극복의 상황을 우동(愚童 : 어리석은 아이)도 알아야 한다는 차원에서 저술한 고서(古書)인 만큼 일본 무사들의 멸사봉공(滅私奉公)과 '신국일본(神國日本)'에 대한 신불(神佛)의 가호를 유별나게 강조하여 신빙성이 좀 떨어지는 부분도 없지 않다. 그러나 전투 장면과 양군의 전력 등이 놀랄 만큼 리얼하게 서술되어 후세 연구자들에게 귀중한 사료가 되고 있다.

하카타 만에서 전개된 양군의 격전은 10월 20일 새벽부터 일몰까지 이어졌다. 일본군은 이 전투에서 부대 편성이나 장비, 전투 방법 등 어느 면에서도 여몽연합군의 상대가 되지 못했다. 다음의 『팔번우동기』기록을 살펴보자.

> 몽골은 큰북과 징을 치며 전투 개시를 알렸는데, 그 소리가 엄청났다. 이 소리에 놀란 일본 말들이 이리저리 날뛰다가 적의 화살을 맞고 쓰러졌다. 몽골군의 화살은 짧았지만 화살촉에 독을 발라 맞으면 중상을 입었다. 몽골군 수백 명이 대오를 정렬하여 화살을 비 오듯 쏘는 데다 창이 길고 갑옷도 빈틈이 없었다. 그들은 전투 대형을 갖추고 있다가 적이 공격해오면 중앙을 활짝 열어 안으로 몰아넣은 다음 양쪽에서 포위 공격했다. 갑옷은 가볍고 말도 잘 탔으며 힘도 강했다. 또한 용맹하기 짝이 없었고 임기응변의 진퇴에 능했다.
> 적장은 고지에 올라 (형세를 관망하고) 큰북을 쳐서 부대를 자유자재로 부렸다. 특히 물러날 때는 (적의 추격을 저지하기 위해) 철포(鐵砲)로 철환(鐵丸)을 발사했다. 발사하기만 하면 사방에 화염과 연기가 치솟아 주위를 모두 덮어버렸다. 또 그 소리가 우레와 같아 간담을 서늘하게 만들었다.

이런 전술 때문에 일본 장병들은 얼이 빠져 방향감각조차 잃어버렸다. 소하라에서 아카자카에 이르는 전장 가운데 조사사(鳥飼瀉) 부근이 습지대라 최정예 고려군의 공격을 일시적으로 막아낼 수 있었던 건 그나마 다행이었다. 하지만 하카타 쇼니·시마즈 부대의 분전에도 불구하고 일거에 동남쪽이 뚫렸다. 몽골군은 봉행소(奉行所 : 행정 사무를 담당하는 곳)를 습격해 하카타 정(町)의 민가와 구시다(櫛田) 신사를 불태웠다.

오토모가 수비하고 있던 하코자키 지구마저 뚫리자 진서군(鎭西軍)은 다자이후의 최후 방어선인 미즈 성(水城)으로 퇴각했다. 이때 가마쿠라 막부의 무사들이 최고로 숭배하던 무신(武神)을 모신 신사 하코자키하치만구(筥崎八幡宮)가 방화로 소실되었다.

## 다자이후로 전면 퇴각하는 일본군

소하라 및 아카자카 지구에서의 선전에도 불구하고 하코자키 지구에서 열세에 처한 오토모·시마즈 부대의 패퇴로 일본군은 하카타 만에서 30여 리 떨어진 다자이후의 서쪽 방벽 미즈 성으로 일제히 퇴각했다. 후쿠오카 일대는 방어전을 전개할 만한 요새지가 별로 없는 평야 지대였기 때문이다. 『본토방위사(本土防衛史) — 원구』 '제2장 문영(文永)의 역(役)'에서는 하코자키 지구에서 일본군이 철수한 건 병력의 열세 때문인 것으로 분석하고 있다.

소하라·아카자카 지구에서 양측의 병력비가 1.72 : 1, 하카타 지구가 1.77 : 1인 데 비해 하코자키 지구는 2.67 : 1이었다. 그러나 일본군은 바다를 건넌 여몽연합군과 달리 언제든 병력 충원이 가능했다. 원래 대등한 무기를 보유하고 진지를 구축하기만 하면 방어자는 공격자의 3분의 1 병력으로도 싸움을 해볼 만하다.

한편 오토모·시마즈 부대의 철수에 따라 하코자키하치만 신사의 궁사(宮司 : 신사의 대표직)는 '어신체(御神體 : 신이 깃들어 있다고 해서 신사에 모셔지는 인형)'를 받들고 우미(宇美)의 극락사(極樂寺)로 피란했다. 그 직후 일본 3대 사전(社殿)의 하나인 하코자키 신사는 몽골군에 의해 불탔다.

몽골군은 하카타 만에 상륙하면 곧장 디자이후로 진격해서 점령할 계획이었다. 그러나 몽골군이 퇴각하는 일본군을 추격하지 않은 것은 어느덧 일몰 시간이 다가온 데다 지리에 익숙지 않기 때문이기도 했지만, 10월 20일 전투에서 주력 병기인 단궁의 화살이 다한 게 진짜 이유였다. 그러면 일본군은 왜 미즈 성으로 퇴각한 것일까.

여몽연합군의 공략 목표였던 디자이후의 주 방어 진지가 이곳 미즈 성이었기 때문이다. 이곳이 돌파되면 디자이후는 점령당한 것이나 다름없었다.


## 여몽연합군이 돌연 하카타 만에서 사라진 까닭

10월 20일 밤, 연합군은 승세에도 불구하고 육상 교두보에서 야영하지 않고 상륙정을 타고 하카타 만에 떠 있던 주력 함대로 물러났다. 육지에서 숙영(宿營)하지 않았던 이유는 일본군이 장기로 삼는 야습(夜襲)을 두려워했기 때문인 듯하다.

함대로 복귀한 후 여몽연합군 수뇌부는 전투 지속 여부를 논의하기 위한 작전 회의를 열었다. 우리 사서인『동국통감(東國通鑑)』과『고려사절요(高麗史節要)』는 당시 회의 내용을 다음과 같이 전하고 있다.

홀돈(忽敦 : 흔도)이 "우리 군사는 전투에 습숙(習熟 : 배워 익혀 숙달함)하지만 종일 싸워도 소기의 성과를 거두지 못하고 날이 저물어 무기를 거두었다. 그런데 내일 또다시 전투를 벌여야 하는가?"라고 의문을 제기했다.

그러자 김방경이 '천리를 끌고 온 군사의 예봉은 아무도 당할 수 없다'는 병법을 들어 "우리 군사는 비록 수가 적으나 이미 적경(敵境) 깊숙이 들어왔으니 사기가 충천해 잘 싸우게 될 것"이라고 반박했다. 이어 "옛날 진(秦)나라의 명장 맹명(孟明)은 강을 건넌 후 스스로 타고 온 배를 불태웠고, 한(漢)나라의 회음후(淮陰侯) 한신(韓信)은 배수진을 쳐 승리를 쟁취했던 만큼 우리도 이 고사(故事)에 따라 결전을 벌어야 한다"라고 주장했다.

이에 홀돈은 "피병(疲兵 : 피로한 병사)을 채찍질하여 날로 불어나는 대적(大敵)과 싸우는 건 올바른 방책이 아니니 회군하는 것만 못하다"라고 말했다.

고려의 사령관 김방경은 하카타 교두보에서 숙영한 뒤 다음날 일본군과 결전을 벌이자고 주장한 반면, 총사령관 흔도와 우부원수 홍다구는 아무리 싸워도 결정적인 승리를 얻지 못할 것이니 이쯤에서 철병해야 한다고 주장했다. 그러던 차에 화살을 맞은 몽골군 좌부원수 유복형이 배에 오르자 흔도는 결심을 굳히고 군사를 거두었다.

일본 측 사료들을 살펴봐도 그때까지 일본군이 전투에서 이긴 사례는 하나도 보이지 않는다. 다만 일본 사무라이의 개인적인 용맹이 드러나는 대목만 더러 보일 뿐이다. 그런데도 흔도가 철수 쪽으로 결심을 굳히게 된 요인은 무엇일까.

사실 여몽연합군에게도 치명적인 약점이 있었다. 몽골의 강요로 출전한 고려군은 전투에 건성으로 임했고, 홍다구가 다그쳐 불과 4개월여 만에 급조한 900척의 전함들은 대체로 허술했다. 더욱이 자기 땅에서 싸우는 일본군에 비해 연합군은 병력 충원과 병참(兵站) 부분에서 약세일 수밖에 없었다. 쇼니 가게스케의 화살을 맞아 부상당한 유복형도 이미 전의를 상실하고 있었다.

게다가 일본 무사는 예상했던 것보다 훨씬 용맹했다. 일본군의 저항은 의외로 강경했고, 병력도 만만치 않았다. 패전을 거듭하면서도 굴복하지 않는 적은 원래 무서운 법이다.


## 가마쿠라 무사들의 잇쇼켄메이

잇쇼켄메이(一所懸命 : 자기 땅을 목숨을 걸고 지킴)는 가마쿠라 무사들에게 있어 최고의 덕목이었다. 전장에서 비겁하게 도망친 무사는 막부에 의해 영지가 삭감되거나 몰수당해 가난을 대물림할 수밖에 없었던 것이 당시 일본 사회의 시스템이었다. 그러므로 가문을 위해 자신의 목숨 하나쯤 희생하는 것을 대수롭지 않게 여겼다.

여기서 연유한 잇쇼켄메이는 오늘날 발음이 똑같은 '일생현명 (一生懸命 : 평생 목숨을 걸고 일함)'으로 바뀌었다. 잇쇼켄메이는 세계적 경제대국을 이룩한 현대 일본의 밑천이라고 할 수 있다. 바로 이런 점에서 '원구'는 일본 내셔널리즘의 형성에 깊은 영향을 미쳤다.

한편 지휘부의 견해가 엇갈린 상황에서 귀함한 여몽연합군은 10월 20일 심야에서부터 21일 새벽까지 하카타 만에 몰아닥친 대폭풍우로 큰 타격을 입고 말았다. 이는 차후 작전을 불가능하게 만든 결정적 참사였다.

『고려사』에는 "한밤중에 불어닥친 폭풍우로 전함들이 잇달아 바위와 언덕에 부딪쳐 대부분 파손되거나 침몰되었고, 김선(金銑)은 물에 빠져 죽었다"고 기록되어 있다. 바람에 날려 바다로 떨어져 익사한 김선은 고려군의 좌군부사였다. 일본 측 기록에 따르면 하룻밤 사이에 900여 척의 연합군 함대 중 200여 척이 침몰했다. 연합군은 서둘러 철수할 수밖에 없었다.

10월 21일 아침, 하카타 만에는 그 많던 연합군 함대가 한 척도 없이 사라졌다. 이는 일본의 신들이 진노해 신풍(神風)을 일으킨 것도, 용신(龍神)의 역린(逆鱗)을 건드려 큰 파도를 일으킨 것도 아니었고 최고 지휘관의 잘못된 판단으로 자초한 결과였다. 만약 여몽연합군이 10월 20일 중 하카타 해안에 교두보를 마련해, 이후 공격에 대비한 병력과 물자를 상륙시켜놓고 숙영했더라면 그 후 전개된 역사의 향방은 사뭇 달라졌을 것이다.

어찌됐던 결과는 일본군의 승리였다. 『원사』 「일본전」에서도 "겨울 10월, 기국(其國 : 일본)에 들어가 패했다. 관군은 정비되지 못했고 화살도 다했다"며 패전을 인정하고 있다.

『고려사』에는 "이번 전쟁에서 돌아오지 못한 자의 총수가 무려 1만 3,500여 명이나 되었다"고 기록되어 있다. 살아남은 병력은 꼭 한 달 후인 11월 20일 합포로 귀항했다.

# 여몽연합군의 일본 정벌 루트를 따라가다

## 여몽연합군의 출항지 마산항

2003년 11월 3일 오전 8시 40분, 나는 목포발 마산행 직행버스에 몸을 실었다. 마산에 가야 할 이유는 충분했다. 마산은 몽골이 일본 정벌을 위해 정동행영(征東行營)을 설치했던 곳으로 당시엔 합포(合浦)라고 불렸다. 쿠빌라이는 삼별초의 항쟁이 평정되자 곧바로 일본 정벌을 서둘렀다.

합포는 삼별초와도 관계가 깊은 곳이었다. 『고려사』 기록에 의하면 삼별초의 게릴라 부대는 합포에 세 번 출몰했다. 첫 번째는 1271년(원종 12) 2월, 삼별초가 합포를 침공해 감무(監務 : 중앙의 관원을 파견하지 못한 작은 지방의 지방관)를 생포했다. 두 번째는 1272년(원종 13) 11월, 삼별초가 다시 합포를 습격해 함선 22척을 불사르고 몽골의 봉졸(烽卒 : 봉수대의 병졸) 4명을 사로잡았다. 세 번째는 1273년(원종 14) 1월, 또다시 합포를 공략한 삼별초는 함선 32척을 불사르고 몽골 병사 10여 명을 잡아 죽였다.

오후 3시 무렵 마산 종합버스터미널에 도착했다. 늦가을의 해는 짧다. 서둘러 택시를 타고 마산시청 문화관광과로 찾아가 학예사 구수익 씨를 만나 자료를 얻었다. 구수익 씨는 마산시립박물관 송성안 박사가 마산의 몽골 유적에 관해 전문가라고 귀띔해주었다. 마산시청을 나와 택시를 타고 자산동 고지대에 있는 마산시립박물관으로 찾아갔다.

공교롭게도 그날은 전국 박물관이 모두 휴관하는 월요일이었다.

송 박사에게 전화를 넣었다. 그에게 "정동행영이 있었던 자리가 어디입니까?"라고 물으니, "바로 마산시립박물관 뒷산"이라고 가르쳐주었다. 다시 "여몽연합군이 일본 정벌을 위해 출항했던 뱃머리는 어느 지점입니까?"라고 질문했더니, "박물관 정원 분수대에서 항만 쪽으로 내려다보면 대우백화점이 보이는데, 그 왼쪽 일대"라고 대답했다. 여몽연합군이 일본 원정을 위해 출항했던 뱃머리는 지금 매립지로 변해 있었다.

우선 분수대로 가서 제1·2차 여몽연합군 함대의 출항지였던 합포동 일대를 촬영했다. 합포동은 '마산의 자갈치시장'인 오동동과

**마산의 정동행영 터** 정동행영은 몽골이 일본을 침략하기 위해 설치한 사령부다.

마산만의 맨 안쪽인 산호동 사이의 동네다. 그 옆으로는 마산수출
자유단지가 펼쳐져 있다. '합포동'이란 동명(洞名)에서 드러나듯
이곳은 마산항의 '어미땅'이다. 그 일대는 매립과 도시화로 인해
여몽연합군의 자취 같은 것은 이제 남아 있지 않다.

정동행영의 소재지였던 마산시립박물관 뒷산 주변은 현재 추산
공원으로 조성되어 있다. 역시 당시의 유적이나 유구(遺構 : 옛날
토목건축의 구조와 양식을 알 수 있는 실마리가 되는 자취) 같은 것은
눈에 띄지 않았다. 마산시립박물관을 빠져나와 자산동 18번지에

**몽고정** 몽골군이 식수를 얻기 위해 판 우물로, 당시의 6개 중 유일하게 남아 있는 것이다. 경남문화
재자료 제82호로 지정되었다.

있는 몽고정(蒙古井)을 찾아갔다. 산중턱에 위치한 박물관의 아랫동네(자산동 18번지) 큰길가에 있다. 바로 그 앞에는 1960년 4·19 혁명을 촉발한 마산 시위를 기념하는 3·15 기념탑이 서 있다.

몽고정은 몽골의 둔전군에게 식수를 공급했던 우물로 추정되고 있다. 향토사학자 이학렬 선생에게 전화로 물으니 "몽골군이 판 우물은 모두 여섯 개였다는 기록이 있는데, 현재 남아 있는 것으론 그것이 유일하다"고 말했다.

어떻든 마산은 바닷가에 위치해 있지만 예로부터 우물 맛이 좋은 고을로 이름났다. 오늘날 이곳에서 상품으로 생산되는 간장이나 소주 등도 소문난 마산 물맛 덕을 보고 있다.

### 풍도험조(風濤險阻)-K포인트에서의 회항

11월 26일 오전 10시 20분, 나는 부산항을 출항하는 대아고속해운 소속 200톤급 여객선 '씨플라워'에 승선했다. 지금으로부터 730여 년 전(1274년 음력 10월) 여몽연합군이 마산항에서 출항하여 쓰시마 섬과 이키 섬을 거쳐 기타큐슈의 하카타 항에 상륙했는데, 나도 그 바닷길을 따라가기로 작정했던 것이다. 마산항에서 출항하든 부산항에서 출발하든 거제도 해역만 지나면 이후엔 어차피 같은 해로를 타는 셈이다.

구름이 낮게 깔려 시계(視界)는 흐릿했지만 포근한 날씨였다. 부산에서 쓰시마 섬까지는 참으로 가깝다. 50킬로미터가 채 되지 않는 49.5킬로미터다. 쾌청한 날이면 태종대나 해운대 달맞이고개 위에만 올라도 육안으로 그 실루엣을 볼 수 있는 섬이다.

씨플라워 호는 파도를 하얗게 가르며 잘도 달렸다. 지남철에라도 끌리듯 자꾸 쓰시마 섬으로 다가서고 있음을 느꼈다. 구름만 끼지 않았으면 정말 좋았을 텐데 하고 아쉬워하던 무렵이었다. 때 아닌 선내 방송이 흘러나왔다.

"선체가 심하게 흔들리니 승객들은 선내에서의 이동을 삼가주십시오."

선창(船窓)을 통해 내다본 바다는 파고가 좀 높기는 했다. 원래 부산과 쓰시마 섬 사이의 대한해협은 거칠기로 소문이 나 있다. 근대의 기선(汽船) 시대에도 항해 선박의 해난사고가 잦은 곳이었다. 출항한 지 30분쯤 되었을까, 다시 선내 방송이 흘러나왔다.

"승객들의 안전을 위해 부산항으로 회항하게 되었으니, 이 점 양지해주시기 바랍니다."

승객의 안전을 위해 선장이 'K포인트'에서 회항을 결심했다는데 대해 승객으로선 오히려 고마워해야지 불평을 늘어놓을 수야 없는 일 아닌가? 출항 1시간 만에 부산 국제여객선터미널로 되돌아왔다. 부산과 쓰시마 섬 사이를 오가는 유일한 여객선 씨플라워 호는 이틀 후인 11월 28일에 출항한다고 했다.

갑자기 풍도험조(風濤險阻 : 바람과 파도가 험하여 막힘)라는 네 글자가 머리에 떠올랐다. 바로 고려의 재상 이장용이 몽골의 황제 쿠빌라이에게 보낸 서장(書狀 : 편지)에서 구사했던 문자다. 고려 조정은 일본 정벌을 향한 쿠빌라이의 야망을 '기술적으로' 누르기 위해 '풍도험조'라는 핑계를 내세웠던 것이다. 이장용에 앞서 쿠빌라이도 원종에게 보낸 조서에서 역시 '풍도험조'라는 용어를 사용한 바 있었다.

## 쓰시마 섬 근해에서 멈춰버린 코비 호

이날 굳이 쓰시마 섬으로 가려면 방법은 있었다. 오후 1시에 부산에서 후쿠오카(福岡)로 직행하는 배편이 있었으니까. 후쿠오카에 가기만 하면 쓰시마 섬으로 가는 여객선뿐 아니라 여객기까지 있을 것이기 때문이다.

쓰시마 섬보다 항해 거리가 2배인 후쿠오카의 하카타 항으로 가는 다른 여객선(항해 거리 137킬로미터)은 뜨는데, 항해 거리가 50킬로미터에 불과한 쓰시마 섬행 여객선이 뜰 수 없다면 그건 바로 씨플라워 때문이 아니겠는가. 선주 측인 대아고속해운의 관계자는 "배가 다르기 때문"이라고 변명했다.

취재 약속시간을 변경하는 등의 번거로움은 있었지만 부산에서 이틀을 묵으며 기다리기로 했다.

그러나 씨플라워 호는 이틀 후인 11월 28일에도 뜨지 않았다. 출항 취소의 이유는 역시 '기상 악화'였다. 나는 그날 오전 9시 15분에 출항하는 미래제트 소속 하카타 항 직행 여객선 코비 호에 승선했다. 산토끼(씨플라워 호)를 잡으려고 꾸물거리다간 집토끼(취재 여행)까지 놓쳐버릴 우려가 있었기 때문이다.

잘 나가던 코비 호도 쓰시마 섬 근해에서 큰 파도를 만났다. 다시 한 번 역사에 회자되는 '풍도험조'라는 말이 퍼뜩 머리에 떠올랐다. 바다 한가운데서 230톤급 코비 호는 한동안 움직이지 못했다. 선내 방송이 흘러나왔다.

"선박 추진기에 이물질이 유입되어 이물질 제거 후에 운항하겠으니 좌석에서 움직이지 말아주십시오."

원래 대한해협에는 우리 한반도에서 버린 온갖 쓰레기가 구로시오 해류(黑潮)를 타고 일본 열도 쪽으로 흘러간다. 추진기에 낀 이 물질이라면 우리 한국인 탓인데, 누가 누구를 탓하랴. 선창을 통해 밖을 내다보니 형무소 담 높이만 한 파도의 연속 행렬이 230톤짜리 코비 호를 꽤 심하게 우롱하고 있었다. 범선(帆船) 시대에 이런 거친 파도가 몰아치면 항해가 불가능했을 것이다.

범선 시대 당시, 대한해협을 건너려면 항류(恒流 : 주기적이며, 계절에 따른 변화가 비교적 적은 해류)와 조수 간만에 따른 조류(潮流), 그리고 풍향, 이 세 가지를 능숙하게 이용해야 비로소 가능했다. 항류는 끊임없이 동북쪽으로 흐르지만 조류는 하루에 두 번 썰물과 밀물로 바뀐다.

일본 해상보안청이 8월과 11월에 걸쳐 관측한 자료에 따르면 바닷물이 서남쪽으로 흐르는 밀물 때 범선이 쓰시마 섬에서 한반도 남해안으로 건너오기 어렵고, 특히 늦가을 들어 북서 계절풍이 불기 시작하면 삼각파도가 치는 날이 많아져 난파의 위험이 높다. 한반도에서 일본 열도로 건너갈 때는 그 반대여서 여름철 항해가 어렵고, 겨울철 항해가 오히려 안전했다. 어떻든 당시는 대한해협 건너기가 1년에 6개월 정도는 안전하지 못한 시절이었다.

승객들을 잔뜩 불안에 떨게 했던 코비 호는 10분 만에 시속 80킬로미터의 정상 운항에 들어갔다. 쓰시마 섬 북단을 지나 쓰시마 해협으로 들어서니 거칠던 바다는 언제 그랬냐는 듯 얌전해졌다. 예정보다 25분 늦은 오후 1시 20분, 코비 호는 하카타 항 국제터미널에 입항했다.

'역사의 도시' 하카타는 현재 후쿠오카 시의 하카타 구(區)로 편입되어 있다. 과거의 대도호부(大都護府) 소재지였던 동래(東萊)가 부산시의 동래구로 편입된 것과 마찬가지다.

12월 1일 오전 8시 30분, 나는 쓰시마 공항에 내렸다. 후쿠오카 공항에서 일본항공(JAL) 여객기 141편을 타고 출발한 지 꼭 30분 만이었다. 공항에서 바로 택시를 잡아타고 쓰시마 섬 서안(西岸) 마을 고모다(小茂田)로 달렸다.

나가사키(長崎) 현에 속하는 쓰시마 섬은 울릉도처럼 길이 좁고 험난하다. 평지가 드물고 온통 산이어서 대중교통 수단은 별로 없다. 면적은 709제곱킬로미터, 우리나라의 제일 큰 섬 제주도보다는 작지만 두 번째인 거제도보다는 크다. 인구는 우리나라 세 번째 큰 섬인 진도와 비슷한 약 4만 3,000명으로, 2004년 3월 1일자로 시로 승격되었다.

지금의 고모다는 내가 이제껏 방문했던 일본 포구(浦口)들 가운데 가장 쓸쓸하고 가난한 곳이란 느낌을 받았다. '쓰시마 섬의 젖줄' 이었던 고모다 항, 한반도와 가장 가까워 범선 시대엔 교역으로 꽤 흥청거렸던 곳이다. 일제의 한반도 강점 시대의 얘기지만, 이곳 어부들은 밤새 잡은 고기를 오전에 부산 자갈치시장에다 내다팔고 오후에는 남포동 극장에서 활동사진(영화)까지 관람한 다음 그날 밤 이슥해 귀항했다고 한다.

고모다 해변의 옛 전장을 걸었다. 해변에는 당시 쓰시마 도주 소 스케구니를 모시는 고모다하마 신사가 퇴락한 모습으로 남아 있다. 나는 나라를 지키려다 전몰한 소 스케구니의 비석 앞에서 시공과 국적을 초월해 경의를 표했다. 아무튼 그의 용기 있는 죽음으로 소 스케구니의 후손들은 이후 메이지유신까지 약 700년간 대를 이어가며 쓰시마 섬의 도주가 된다.

신사로부터 약 200미터 정도 떨어진 남방 해안에는 소 스케구니의 부하인 사이토 스케사다(齊藤資定)라는 무사의 표석(表石)이 세워져 있다. 그는 몽골군과 분전하다가 마지막에 스스로 머리를 바위에 받고 죽었다. 용사의 최후란 이처럼 동서고금과 피아(彼我)를 막론하고 비장미를 느끼게 한다.

여기서 사스가와(佐須川)의 물길을 따라 내륙으로 들어가면 가시네라는 작은 마을이 있다. 이곳 법청사(法淸寺)에는 소 스케구니의 동총(胴塚)이 있다. 즉, 목 없는 몸뚱이만 묻힌 무덤이다. 그의 목 무덤도 있다고 하지만, 아마 그의 진짜 목은 승전군의 전리품이 되었을 것이다.

쓰시마 시청 소재지인 이즈하라로 가는 길목에 위치한 가미자카(上見坂) 전망대에 올랐다. 여기서 내려다본 아소 만은 일본 최고

고모다하마 신사  몽골군과 싸우다 전몰한 병사들의 위패를 모시고 있으며 매년 11월 이곳에서 축제를 연다.

의 절경으로 손꼽힌다. 육지의 침강(沈降)에 의해 생성된 전형적인 리아스식 해안으로 돌출부들이 문어발처럼 얽히고설켜 일대 장관을 이룬다. 이곳에 여몽연합군의 대함대가 정박했다. 아소 만을 경계로 쓰시마 섬은 윗섬과 아랫섬으로 나눠진다. 지금은 두 섬을 잇는 다리가 놓여 있다.

여기까지 와서 백제 유민들이 만든 일본 최고(最古)의 성터인 가네다노키(金田城)를 둘러보지 않을 수 없었다. 현지에서 '조선식 산성'으로 불리고 있는 이 성은 663년 백촌강(白村江 : 지금의 아산만) 전투에서 나당연합군에게 패전한 백제 유민들이 일본으로 망명하여 왜인들과 함께 나당연합군의 침공에 대비해 667년 축조한 것이다. 성벽의 높이는 2~5미터, 길이는 5.4킬로미터이다. 이후 가네다노키는 대륙의 동향을 살피는 일본의 최전선 기지로 활용되었다.

가네다노키는 쓰시마 공항에서 고모다로 가는 길목에 위치해 있다. 나는 고모다에 들어서기 전에 택시를 세워놓고 가네다노키의 성돌이 빤히 보이는 지점까지 올랐다가 갈 길이 바빠 하산했다.


### 한일 관계사의 거울, 쓰시마 섬

나는 12월 1일 오후, 이즈하라 시내의 쓰시마 역사민속자료관·향토자료관·최익현(崔益鉉)기념비 등을 둘러보았다. 날이 저물어 이즈하라에서 제일 번듯한 음식점 '시마모토(島本)'에 들러 따끈한 청주를 반주 삼아 저녁을 먹었다. 혼자서 술잔을 기울이는 이국 남자가 궁상맞게 비쳤을까? 뜻밖에도 기모노 차림의 안주인(일본

여몽연합군의 함대가 기항했던 쓰시마 섬의 아소 만

에서는 오카미(女將)라 부름]이 다가와 목례하고 마주 앉더니만 나의 빈 술잔을 채워주었다. 그녀는 "수년 전 서울에 가서 전통 일본무(日本舞)를 공연했다"고 자신을 소개했다.

나는 이즈하라하면 1950년대의 '이즈하라 특공대'가 가장 먼저 떠오른다. 이즈하라를 본거지로 일제 화장품이나 빌로드 옷감 등을 빠른 일본 배로 실어와 공해 상에서 우리나라 밀수선에 넘기는 범죄 집단이었다. '이즈하라 특공대'는 1961년 5·16 군사정변 이후 당국의 엄한 단속으로 자취를 감췄다. 1970년대에 '해운 한국'의 요람 한국해양대학교가 들어선 부산 영도구 조도(朝島 : 아치섬)는 그때 이즈하라 특공대와 거래한 국내 밀수꾼들의 복마전이었다.

그렇다. 한일 관계사에서 쓰시마 섬은 양국의 관계를 단적으로

**가시네 법청사 동총** 소 스케구니의 목 없는 몸뚱이만 묻힌 무덤

보여주는 곳이었다. 양국 사이가 나빴을 때는 왜구나 침략군의 소굴이 되었고, 양국의 친선 시대에는 서로가 오가는 바다의 징검다리였다. 어떻든 쓰시마 섬의 역사는 한반도라는 '젖꼭지'를 꼭 물고 있는 시기엔 행복했고, '젖꼭지'를 놓쳤을 때는 대체로 불행했다. 시마모토의 여주인은 "겨울철이라 한국의 낚시꾼 손님들의 발걸음도 뜸하다"고 말했다.

그날 밤은 이즈하라 여객선터미널과 멀지 않은 언덕 위에 세워진, 한국인이 경영하는 닛폰다야(日本大亞) 호텔에 묵었다. 한국 관광객이 별로 찾아오지 않는 겨울철이라 투숙객은 나 혼자인 듯했다. 12월 2일 조식 때, 호텔 식당에서 푸짐한 김치 한 사발까지 무료로 서비스했다.

12월 2일 8시, 이키 섬의 아시베 항으로 가는 쾌속선 '비너스'에 승선했다. 아시베 항은 여몽연합군 함대가 규슈 공략을 앞두고 집결했던 곳이다. 빠른 속도로 물살을 가른 비너스는 바닷길 68킬로미터를 1시간 만에 주파해 오전 9시 정각 이키 섬의 동쪽 항구 아시베 항에 도착했다.

이키 섬은 쓰시마 섬과 더불어 옛날 한반도에서 일본 열도로 건너갈 때 반드시 거쳐야 했던 징검다리였다. 여몽연합군 원정 때도 주요 공략 목표의 하나였을 뿐 아니라 17세기 이후 도쿠가와(德川) 막부 시절 260년 동안 12회에 걸쳐 일본에 갔던 조선통신사(朝鮮通信使)들도 모두 이곳을 거쳤다. 아시베 항에 상륙한 나는 곧장 전화로 택시를 불러 이키 섬의 북쪽 항구인 가쓰모토(勝本)를 향해 달렸다.

도중에 편의점에 들러 도시락 2개를 사서 택시 운전사와 나눠먹

이키 섬 북부 해안의 가쓰모토 항

었다. 방금 지은 따끈따끈한 밥이어서인지 꿀맛이었다. 이키 섬은
대마도보다 조금 작지만 평야는 비교할 수 없을 만큼 넓다.

　가쓰모토 항으로 가는 도중에 들른 히츠메 성 유적지에는 신성
신사(新城神社)가 들어서 있다. 경내에는 원구(元寇)기념비와 다이
라노 가게다카의 묘가 있다. 메이지유신 이후 일본인들은 일본을
침략한 여몽연합군을 ‘원구’라고 불렀다. 유적지에서 50미터 떨어
진 동쪽에 히츠메 다리가 보인다. 이 다리를 건너면 천인총(千人
塚)이 있다. 지금은 ‘분에이노에키〔문영(文永)의 역(役)〕신성고전장
(新城古戰場)’이라고 쓰인 큰 탑이 천인총 위에 우뚝 서 있다.

일본에서는 여몽연합군의 제1차 정벌(1274)을 '분에이노에키', 7
년 후의 제2차 정벌(1281)을 '고안노에키[홍안(弘安)의 역(役)]'라고
부른다. 이키 섬엔 고안노에키 관련 유적도 많다.

이키 섬에는 원구와 관련된 무덤이 여기저기 흩어져 있어 당시
의 비참함을 전하고 있다. 다음은 '분에이노에키 신성고전장'에
관한 「가쓰모토 마을역사[勝本町通史]」의 기록이다.

> 이키에 상륙한 몽골군은 섬사람들을 닥치는 대로 죽였다. 학살 방법
> 역시 매우 잔인했고, 남녀노소 가리지 않았다. 예컨대 어린아이는 가
> 랑이를 찢어죽이고, 남자를 붙잡으면 귀와 코를 잘랐다. 또 사로잡은
> 여성들을 한데 모아 손바닥에 구멍을 뚫어 철사로 엮어서 끌고 다니
> 고, 군선의 뱃전에 매달아 익사시키기도 했다.

잔악한 몽골군이 지나간 자리에는 섬사람들의 시체가 무더기로
쌓였다. 이 시체들을 매장한 무덤이 바로 천인총이다. 신성 천인총
외에 이 섬의 우라우미(浦海)·모토미야(本宮)·다테이시(立石)·이
야에바루(射場原) 등지에도 유사한 무덤들이 현존하고 있다.

당시 이키 섬 사람들 대부분은 산으로 도피했지만 쓰시마 섬과
달리 산이 깊지 않아서 곧 몽골군에게 포착되었다. 그래서 "산으
로 도망쳤어도 아이들의 울음소리 때문에 발각되어 모두 학살되었
다"는 기록도 있다.

이 때문에 '무고이(잔혹하다는 뜻)'라는 일본말이 '무쿠리(몽
골)', '고쿠리(고려)'에서 유래되었다는 기록을 이키 섬 등지에서
쉽게 찾아볼 수 있다. 떼를 쓰며 우는 아이에게 "무쿠리, 고쿠리가

신성신사 경내의 '원구' 기념비

왔다"고 겁을 주면 대번에 울음을 뚝 그쳤다고 한다.

### 한·몽·일의 뿌리는 하나

그러나 이키 섬 사람들이 도망치지만은 않았다는 사실을 몽골 측의 기록인 『심중대의(心中大義)』의 "왜인, 이리처럼 죽음을 두려워하지 않았다"는 데서 엿볼 수 있다. 이는 용맹한 일본인에 대해 경의를 표한 것이 아니었을까.

한·몽·일 삼국은 모두 알타이 계 언어를 구사하는 등 민족 간 친연성(親緣性) 차원에서 보면 서로 4촌쯤 된다. 이런 삼국의 조상은 원래 알타이 산맥 일대 스텝 지대에서 살던 유목민족이다. 단순

하게 말하면 몽골인은 동쪽으로 조금 이동했고, 한국인은 훨씬 동
남쪽으로 내려왔고, 일본인의 90퍼센트는 한반도에서 다시 일본
열도로 건너갔던 고대인들의 후예인 것이다.

이런 세 나라 사람의 DNA 속에는 호전성이 숨어 있는지도 모른
다. 몽골인은 워낙 말을 잘 타고 호전적이었으며, 일본인도 칼싸움
과 용맹에 관한 한 세계 제일의 자리를 결코 양보하지 않던 민족이
었다. 대륙과 접해 있어 역사상 3,000번이나 이민족의 침략을 받으
면서도 민족의 정체성을 지키며 오늘에 이른 것을 보면, 한국인의
끈질김도 타의 추종을 불허한다고 말할 수 있다.

이런 상념에 젖어 있던 중 불현듯 이번 답사에 앞서 잠시 전화
통화한 강원대 사학과 주채혁 교수의 말이 생각났다.

**시카노 섬 '원구총'** 폭풍우를 만나 표류하다가 섬멸당한 몽골군의 유해가 묻혀 있다.

"일본 무슨 절엔가 보존된 사료에는 '몽골이 침략했다'고 하지 않고 '무쿠리가 왔다'고 쓰여 있다고 합니다. 그렇다면 몽골(Mongol)은 맥고려(貊高麗) 혹은 맥고리(貊槁離)에서 유래했을 수 있습니다. 몽골을 아프가니스탄에선 '모골', 인도에서는 '무갈'이라 했고, 시베리아 쿠르테킨의 돌궐 비문에는 'Bökli(뵈크리)'라고 새겼는데, 'Bökli'는 학자들의 논문에서는 대체로 '貊高麗'로 풀이되고 있습니다."

가쓰모토 항에 들러 우선 관광안내소를 찾아갔다. 관광안내소의 56세 여성 계장은 한국에서 온 나를 귀한 손님으로 대접했다. 나에게 몇 가지 질문을 받은 그녀는 대답을 못한 부분에 대해 보충 설명해줄 '원구' 전문가가 가까이에 있다면서 전화를 걸어 마을의 교육위원까지 불러왔지만 갈 길이 바빠 곧 일어섰다.

나는 다시 아시베 항으로 부랴부랴 되돌아가 오전 11시 15분에 출항하는 하카타행 페리호에 맨 꼴찌로 겨우 승선했다. 출항 2시간 30분 만에 하카타 항에 도착한 나는 바로 다른 뱃머리로 옮겨 오후 3시 시카노 섬(志賀島)행 연락선을 탔다. 게의 집게발처럼 생긴 시카노 섬은 하카타 항을 바깥바다인 겐카이나다로부터 보호하는 방파제 역할을 한다.

하카타 항 출항 30분 만에 연락선은 시카노 섬 부두에 닿았다. 이 뱃머리에서 남쪽 해안도로를 따라 서쪽으로 2.4킬로미터 정도 들어가면 조그마한 구릉 하나가 나온다. 이곳은 1274년과 1281년의 전쟁 때 양측 모두 양보할 수 없는 필쟁지지(必爭之地)였다. 가파른 계단을 걸어 고지 위에 오르니 하카타 항의 모습이 정면으로 다가왔다. 전투를 앞둔 지휘관이라면 누구나 탐낼 만한 절묘한 관측 고지다.

이곳에는 몽골군의 원혼을 위로하는 공양탑(供養塔)이 후세 일본인들의 손에 의해 건립되었다. 원래 일본인은 아군이든 적군이든 전사하기만 하면 신불(神佛)로 모시는 관습이 있었다. 이 공양탑은 1274년 제1차 일본 정벌 때 폭풍우로 본대와 떨어져 이 섬에 표류했다가 섬멸당한 몽골군 220명의 유해를 묻은 무덤 위에 세워진 것이다.

### 왜구의 본거지 이마리 만과 다카시마

이키 섬을 초토화시킨 여몽연합군은 이어 히젠〔肥前 : 지금의 나가사키(長崎)〕 마쓰우라(松浦) 군의 다카시마(鷹島)를 습격했다. 일본 측 기록인 『일련주화찬(日蓮註畵讚)』에는 "히젠 마쓰라도(松浦黨)의 수백 인이 전사했다. 이 섬의 백성과 남녀가 당했던 참사는 쓰시마 섬과 같다"고 씌어 있다.

그런데 왜 마쓰우라에 '당(黨)'을 붙였는지 나는 평소 궁금하게 여겨왔는데 다카시마에 가서야 비로소 풀렸다.

마쓰라도는 '해상(海商) 집단'을 자처했으나 실은 한반도 연안에 출몰하여 약탈 행위를 일삼던 왜구의 중심 세력이었다. 다카시마 역사민속자료관에서 「마쓰라도 연구」라는 논문집을 잠시 읽어

**다카시마의 히비 항**  다카시마는 여몽연합군이 점령했던 전략상의 요충지였다.

보니, 그들은 자신들이 '마쓰라도'라고 불리는 것을 몹시 꺼려했다. 이름에서 악명 높은 왜구의 이미지가 연상되었기 때문이다.

우리나라 사서(史書 : 『고려사』)에서 '왜구'라는 존재가 처음 등장한 것은 1223년(고종 10)이었다. 왜구는 대부분 격동하는 일본 사회에서 몰락한 무사들이 주동이 되었다. 이들의 노략질은 갈수록 심각해져 고려 말기에는 우리나라 동남 연안뿐 아니라 강화·교동·예성강구로 출몰하는 등 수도권까지 위협했다. 다카시마는 왜구의 본거지 이마리(伊萬里) 만과 마쓰우라 항의 입구에 위치, 바다의 풍랑을 막아주는 방파제 역할을 하고 있다.

11월 29일 오전 8시에 나는 다카시마를 향해 숙소인 하카타 그린호텔을 나섰다. 하카타 역에서 메이노하마(姪浜)까지는 전철, 메이노하마에서 가라쓰(唐津)까지는 철도, 가라쓰에서 다카시마행 연락선의 부두가 있는 호시노(星賀) 항까지는 택시, 호시노 항에서 다카시마의 히비(日比) 항까지는 연락선을 탔다. 히비 항에 상륙한 후엔 택시를 불러 다카시마 역사민속자료관으로 달렸다.

다카시마는 여몽연합군의 제1·2차 원정 때 모두 쓰시마 섬과 이키 섬에 이어 세 번째로 점령당한 섬이다. 지도를 펴놓고 보면 마산·쓰시마 섬·이키 섬·다카시마가 일직선의 위도 상에 위치해 있음을 알 수 있다. 하카타 항에 상륙한 후 동쪽으로 진격해 다자이후를 함락시키려 했던 여몽연합군으로선 다카시마 확보가 필수적이었다. 전열을 가다듬는 집결지로 필요한 입지조건을 두루 갖추고 있는 섬이었기 때문이다.

다카시마 해역은 1281년 제2차 원정 때 여몽연합 함대가 태풍으로 궤멸한 곳이다. 지금도 다카시마 해역에서는 여몽연합군의 유

품이 계속해서 인양되고 있다.

현재 다카시마의 남해안 도코나미에서는 수중고고학(水中考古學)에 의한 해저유적 조사가 시행되어 인양된 다수의 침몰 선박 파견 및 해저유물이 다카시마정 니이자키(新崎)의 정립(町立) 역사민속자료관에 전시되어 있다. 다카시마 해저유물은 도코나미 지구뿐 아니라 남해안 전역에 넓게 분포되어 있다.

도코나미 만은 연합군 함대의 피해가 가장 컸던 곳이었다. 이 해역의 실크 층(두께 3미터)의 모래층을 흡입기로 빨아올리면, 아직도 700여 년 전의 유물이 모습을 드러내고 있다고 한다. 다카시마 역사민속자료관에는 다카시마 해역에서 인양된 생활용품과 선구(船具)·무기 등도 다수 전시되어 있다.

단단한 도기 안에 화약을 충전한 몽골군의 투척식 작렬탄도 눈길을 끌었다. 한 손으로 던질 정도의 크기로 도화선에 불을 붙인 후 일본군 밀집대형에 던져 폭발시

다카시마 해역에서 인양된 유물들  다카시마 역사박물관에는 당시 침몰된 연합군 함대의 유품이 전시되어 있다. 지금도 인양 작업이 계속되고 있다.

**하카타의 고려군 상륙지** 지금은 바다를 마주보고 고층 빌딩이 우뚝 솟아 있어 당시 치열했던 전투 흔적은 찾아보기 어렵다.

켰다고 한다. 13세기의 수류탄인 셈이다.

1274년 10월 20일 고려군이 상륙한 지점에는 현재 초현대식 건물 후쿠오카(福岡) 타워(첨탑엔 사람이 오를 수 없고 그 아래 높이 123미터 지점에 전망대가 설치돼 있음)가 들어서 하늘을 찌르고 있다. 지진이 잦은 일본에서는 두 번째로 높은 건축물이다. 서쪽에는 코발트블루의 바다 위에 노코노 섬(能古島)과 시카노 섬이 그림처럼 떠 있다. 무로미가와와 히이가와(樋井川) 사이에 형성된 모모치 벌판은 지금은 '시사이드 모모치' 등의 공원과 현대적 빌딩이 어우러진 후쿠오카의 신도시이다. 바로 동쪽에는 후쿠오카 박물관, 북쪽인 히이가와 너머엔 일본 프로야구단의 하나인 다이에 호크스의 홈그라운드인 후쿠오카 돔이 들어서 있다.

나는 후쿠오카 시 취재 첫날인 11월 28일 오후, 맨 먼저 고속 엘

리베이터를 타고 후쿠오카 타워의 전망대로 올라갔다. 이곳에 오르면 후쿠오카 전역이 한눈에 들어올 뿐 아니라 730여 년 전 하카타 상륙작전의 모습이 파노라마처럼 연상된다.

### 신사 편액에 쓰인 '적국항복'의 의미

11월 29일 오후, 나는 하코자키하치만 신사를 찾아갔다. 후쿠오카 지하철의 하코자키구마에에키(箱崎宮前驛)에서 내려 1번 출구로 나오면 걸어서 3분 거리다. 도리이(鳥居 : 신사의 입구에 세운 문) 세 개를 지나자 웅장한 본전(本殿)과 맞닥뜨렸다. 1086년에 건립되었고, 몽골병에 의해 불탄 지 1년 만인 1275년에 복원되었다고 한다. 신사는 신토(神道)의 성전이다. 신토는 고대 한반도에서 건너간 사람들의 원시 샤머니즘 전통을 이어 온 일본인의 토속 신앙이다. 1868년 메이지유신 이후 1945년 제2차 세계대전으로 패망할 때까지 일본의 국교(國敎)로 자리 잡았고, 천황중심주의 사관(史觀)을 확대 재생

**하코자키하치만 신사** 편액에는 '적국항복'이라는 네 글자가 적혀 있다.

산한 '자궁(子宮)'이었다.

본전 1층과 2층 지붕 사이에 커다란 편액이 걸려 있고, 편액에는 큼직하게 '적국항복(敵國降伏)'이라는 네 글자가 적혀 있다. 여기서 적국은 몽골은 물론 고려까지 포함된다. 당시 고츠지미카도(後土御門) 천황의 친필이라고 전해진다. 감지(紺紙 : 보랏빛 종이)에 금니(金泥 : 금가루를 갠 물)로 적은 것을 그대로 옮겨 새겼다.

본전인 고센구(御遷宮) 안을 들여다보니 참으로 가관이다. 건물 내부를 온통 검붉은색으로 칠한 데다 장지문을 단 방 안에선 샛노란 불빛까지 흘러나오고, 방문 앞에는 귀면(鬼面)의 탈과 병장기(兵仗器)가 배치되어 있었다. 거기엔 안동 하회탈처럼 해학이나 웃음이 없다. 엄숙하다기보다 오히려 으스스하다.

아! 이것이야말로 신토의 성격, 아니 본질을 적나라하게 드러내는 현장이 아닌가? 여기서 손뼉을 딱딱 두 번 친 다음 뭔가 기구(祈求)하는 참배객이 의외로 많았다. 이곳을 참배하고 이곳에서 결혼식까지 올리는 일본인의 발걸음이 끊이지 않는다. 이런 분위기 속에서 한국을 아직도 '항복해야 할 적국'이라는 의식이 싹튼 건 아닐까? 또한 한국인에 대한 우월감 같은 것도 지워지지 않는 건 아닐까?

본전에서 나와 도리이를 향해 산도(參道 : 돌을 다져 깔아놓은 참배길)를 걷다가 길쭉한 돌덩이가 하나가 놓여 있는 것을 보았다. 바다에서 건져낸 몽골 함선의 닻이었다. 닻 뒤편엔 '군가원구(軍歌元寇)'의 가사가 새겨져 있다. 이 군가는 청일전쟁(1894)을 일으키기 위해 일제가 군비 증강에 국력을 총동원하던 1892년에 나가이 다데코(永井建子)라는 여성이 발표한 것이다.

**니치렌 동상** 일련종의 창시자인 그는 여몽연합군의 침략을 예언해 영웅으로 칭송받고 있다.

(전략) 무엇이 두려우랴. 우리에겐 가마쿠라의 남아(男兒)가 있다. 정
의무단(正義武斷)의 이름을 외쳐 세상에 드러내자! (중략) 10만여 몽
골 세(勢)는 바닥의 해초로 변해, 남은 것은 단지 3인, 언젠가 구름이
걷히고 현해탄의 달을 밝히네.

이 군가는 청일전쟁·러일전쟁·태평양전쟁 당시 일본 국민의
애창곡이 되어 사기를 북돋는 데 이용되었다. 그렇다. 이 신사는
일본 군국주의를 배태한 자궁과 다름없었다.

하코자키 신사를 둘러본 만큼 후쿠오카 현청(縣廳) 앞에 있는 히
가시(東) 공원을 찾지 않을 수 없었다. 택시 기본요금 정도로 갈 수
있는 거리였다.

히가시 공원에는 몽골군의 침략을 예언했던 일련종(日蓮宗)의

개조(開祖) 니치렌(日蓮)의 동상이 세워
져 있다. 그는 천지이변과 외적 내습
의 원인이 사종(邪宗)의 유행에
있다며 다른 불교 종파를 격렬
하게 비판하는 '입정안국론
(立正安國論)'을 주장하다가
귀양을 가는 등 박해를 받
았다. 여몽연합군의 일본 침략
이후 그는 대예언자로 추앙받
았다. 높이 23미터에 이르는
'니치렌 성인(聖人) 동상'의
좌대에는 그의 주장인 '입정안국'
네 글자가 돋을새김되어 있다.

니치렌은 1260년 7월 16일 '입정
안국론'을 가마쿠라 막부에 상주하
여 '자계반역(自界叛逆)'의 내홍과
'타국침핍(他國侵逼)'의 외환이 반
드시 도래할 것이라고 예언했다. 그
는 '염불무간(念佛無間 : 염불하면 무
간지옥에 간다)·선천마(禪天魔 : 선
수행을 하는 자는 하늘의 마귀)·진언
망국(眞言亡國 : 진언을 하면 나라가
망한다)·율국적(律國賊 : 계율은 나
라의 도적)'이라는 4대 구호를 내걸

'원구박물관'에 전시된 여몽연합군의
유물들

어 다른 종파를 사종으로 모는 한편 법화종(法華宗)을 유일무이의 정법(正法)이라고 주장했다. 만약에 정법을 무시하고 사교(邪敎)인 염불종(念佛宗) 등을 신봉한다면 일본은 내란과 외침에 의해 틀림없이 멸망한다는 예언이었다.

과연 니치렌의 예언대로 내란과 외침이 발생했다. 내란은 여몽연합군의 제1차 일본 침략 2년 전인 1272년 2월에 호조 도키스케(北條時輔)의 모반으로 나타나 가마쿠라와 교토에서 병란이 발생했다. 호조 도키스케는 싯켄 호조 도키무네의 서형(庶兄)이었다.

도키스케의 난을 설명하려면 먼저 가마쿠라 시대의 특징을 짚어볼 필요가 있다. 바로 막부가 교토 조정을 대신해 정권을 독점했고, 가마쿠라라는 땅은 끝없는 권력 투쟁과 숙청으로 피 냄새가 진동했다는 점이다. 도키스케의 난도 그런 권력 투쟁의 하나였다.

도키스케는 동생이지만 적자(嫡子)였던 도키무네가 싯켄의 지위에 오른 것에 불만을 품고 있었다. 그는 천황 조정을 감시하는 직책인 로쿠하라단타이로 교토에 부임해 있는 동안 조정 귀족들과 가까워졌다. 그는 조정과 결탁해 몽골과 타협책을 강구하려고 했다. 하지만 이 사실이 발각돼 1272년 2월 15일, 도키무네가 보낸 무사들에 의해 교토 관아에서 주살되었다. 나흘 전인 2월 11일, 가마쿠라에서는 도키스케의 당여(黨輿)들이 도키무네 직속 부하들의 습격을 받아 모두 목이 잘려나갔다.

이 사건으로 도키무네는 도쿠소(得宗 : 호조 종가(宗家)) 집안 내부의 불안 요인을 잠재웠다. 이렇게 도키무네의 전제 지배를 강화시킨 가운데 제1차 여몽연합군의 공격을 받게 되었다.

어떻든 니치렌의 예언대로 내홍과 외침이 발생했다. 다만 법화종을 정법으로 삼아 사교인 다른 종파를 물리치지 않으면 나라가 망한다고 한 부분만 적중하지 않은 셈이다.

히가시 공원에는 여몽연합군 침략 당시의 상황 가메야마의 동상도 세워져 있다. 그 동상의 좌대에도 하코자키 신사와 마찬가지로 '적국항복'이란 네 글자가 새겨져 있다.

11월 29일, 나는 다자이후와 미즈 성을 차례로 답사했다.

다자이후 정청(政廳) 유적지를 찾아가려면 현재의 다자이후 시를 관통하는 니시테츠(西鐵)의 도후사쿠라마에(都府櫻前) 역에서 내려 동쪽으로 15분쯤 걸으면 된다. 다자이후는 백제부흥군과 일본 연합군이 663년 백촌강(白村江 : 지금의 아산만) 전투에서 나당연합군에게 패한 직후, 일본 조정이 설치한 서일본 지역의 최고 사

**다자이후 정청 유적지** 서일본의 정치·군사·대외교역의 중심지. 현재 사적공원으로 지정되어 있다.

**미즈 성 유적지** 다자이후를 방어하기 위해 수공용 댐을 축조한 성이다.

령부인 동시에 대외 교섭창구였다. 지금도 다자이후의 위상과 규모를 말해주는 거대한 초석(礎石) 등이 남아 있다.

　다자이후 정청 유적지를 둘러본 후 미즈 성으로 향했다. 미즈 성은 도후사쿠라마에 역에서 니시테츠를 타고 후쿠오카 쪽으로 두 정거장 더 가 시모리(下大利) 역에서 내려 25분쯤 걸으면 된다. 규모는 길이 1.2킬로미터, 기저부(基底部)의 폭 80센티미터이다. 역시 나당연합군의 침입에 대비해 쌓은 성이다. 미즈 성이란 이름은 하카타 쪽을 향해 폭 60미터, 깊이 4미터의 호를 파서 수공(水攻)용수를 저장했기 때문에 붙여졌다.

　『일본서기(日本書紀)』에는 "쓰쿠시(筑紫)에 큰 둑을 쌓고 물을 저장하여 미즈 성이라 불렀다"라고 기록되어 있다. 지금도 내측과 외측의 호를 연결하는 목통의 흔적이 남아 있어 문자 그대로 '水

城' 인 것을 확인할 수 있다.

다자이후는 북으로 오노(大野), 남으로 사이라는 산성이 있었고, 서쪽으로 하카타 만을 향한 정면에 미즈 성이 버티고 있었다. 하카타 만에서 여몽연합군의 상륙을 저지할 수 없었던 일본의 진서군은 어쩔 수 없이 최후 저지선인 미즈 성까지 철수하고 말았다.

# 식지 않는 일본 정벌의 욕망

1281년 제2차 일본 원정에서 여몽연합군은 사전 대비가 철저했던 일본군의 저항에 막혀 승부를 가리지 못하다가 때마침 습격한 태풍에 결정타를 입었다. 태풍은 최선을 다한 일본 무사들을 도운 것이지 절대 기적이 아니다. 이는 두 번의 실수를 범하지 않은 일본 무사정권의 완벽한 승리였다.

## 일본 재원정을 결심하는 쿠빌라이

쿠빌라이가 제2차 일본 원정을 결심한 때는 제1차 원정 직후였다.

1차 원정의 총사령관 흔도와 부사령관 홍다구 및 유복형은 원나라 수도 대도로 돌아가 쿠빌라이에게 패전의 원인을 폭풍우에 의한 함대의 난파 때문이라고 보고했다. 이에 쿠빌라이는 즉각 재원정을 결심하고 고려에 다시 출정을 준비하도록 명했다.

한편 가마쿠라 막부에 대한 외교적 압력도 병행되었다. 예부시랑(외무차관) 두세충(杜世忠)과 병부시랑(국방차관) 하문저(何文著)가 일본선유사(日本宣諭使)의 정사와 부사로 임명된 것은 1275년 2월 9일이었다. 두세충 일행은 그해 9월 가마쿠라 막부의 손에 모두 참살되었다. 이 소식은 오랫동안 고려나 원에 전해지지 않다가

1279년(충렬왕 5) 8월에야 비로소 고려에 알려졌고, 이어서 원에도 전달되었다.

쿠빌라이는 1차 원정에서 귀환했던 부대를 그대로 합포에 머물게 하고, 다시 만자군(蠻子軍) 1,400명을 고려로 보내 해주(海州)·염주(鹽州)·백주(白州)에 주둔시켰다. 만자군은 남송의 투항병으로 편성된 부대였다.

고려는 40여 년에 걸쳐 거듭된 전란으로 국토와 민생(民生)이 황폐화해 있었다. 충렬왕은 장인이기도 한 쿠빌라이에게 김방경을 사신으로 파견, 일본 재원정을 위한 전함의 건조 및 병량(兵糧) 제공 등은 고려의 형편상 무리라고 호소했다. 그러나 이미 결심을 굳힌 쿠빌라이는 들은 척도 하지 않았다.

충렬왕이 일본 재원정 시기가 변경된 것을 알게 된 때는 다음해인 1276년 1월이었다. 이는 쿠빌라이가 고려의 어려움을 감안해서가 아니라 남송 공략에 전력을 기울이고 있었기 때문이다. 1273년에 남송 최대의 방어기지 양양성(襄陽城), 이어 1275년에는 건강[建康 : 남경(南京)]을 차례로 함락시켜, 이제 남송의 수도 임안[臨安 : 항주(杭州)]의 함락도 멀지 않은 무렵이었다. 쿠빌라이는 남송을 멸망시킨 후 일본을 원정하더라도 늦지 않다고 생각했던 것이다.

## 몽골 사자를 참수한 호조 도키무네

쿠빌라이가 파견한 두세충 일행은 1275년 4월, 고려에서 바다를 건너 혼슈(本州)의 나가도(長門 : 지금의 시모노세키)에 도착했다.

종래의 몽골 사신은 규슈의 다자이후를 목적지로 하여 하카타에 상륙했는데, 이때만 굳이 나가도로 입항한 까닭은 무엇일까?

제1차 원정 때 여몽연합군이 하카타를 불바다로 만들어 그곳 주민들과 대면하는 게 아무래도 껄끄럽지 않았을까 싶다. 또한 국서를 휴대하고 다자이후로 가더라도 다자이후에서 이를 교토 조정이나 가마쿠라 막부에 보내지 않고 폐기시켜 버린 전례를 피해보려는 의도도 있지 않았을까. 군사적으로는 이제까지 미조사 지역이었던 나가도 연안의 지형과 방비 상황을 정탐하려 했던 속셈도 간과할 수 없다.

어떻든 몽골 사신을 맞이한 나가도의 슈고는 즉각 이 사실을 가마쿠라 막부에 통고했고, 막부는 몽골 사신 일행을 가마쿠라로 불렀다. 이어 나가도 등 4개 주에 비상령을 내렸다.

두세충 등 5명의 몽골 사신은 나가도를 출발, 가마쿠라로 향했다. 이때 일본은 이미 전시체제로 들어가 그들을 엄중하게 감시했다. 사신들의 상행로(上行路)는 교토를 거치지 않고 우회하는 길이었다. 교토에 들리면 유화적인 조정의 공경들과 만나 국론을 분열시키는 공작을 벌일지 모른다는 경계심 때문이었다. 일행이 가마쿠라에 도착한 것은 1275년 8월이었다.

싯켄 호조 도키무네는 즉각 몽골 사신들을 불러들여 찾아온 연유를 물었다. 두세충은 세조 쿠빌라이의 국서를 전달하며 황제의 박애와 인자를 예찬하고, 수교가 양국의 이익이 된다고 역설했다.

가만히 듣고만 있던 도키무네는 그들을 몬추쇼(問注所 : 막부의 사법기관)에 감금한 다음, 아다치 야쓰모리(安達泰盛) · 다이라노 요리쓰나(平賴綱) 등 심복들과 대책을 협의했다. 이어 자신이 남송에서 초빙한 승려 무학조원(無學祖元)의 견해를 듣고, 며칠 후 효조 슈(評定衆)를 소집했다. 효주슈는 호조 씨를 비롯하여 대표적 고케 닌 11~16명으로 구성된 가마쿠라 막부의 최고 의결기관이었다. 여기서 도키무네는 다음과 같은 단안을 내렸다.

> 문영 10년(1273)에 조양필이 사자로 내조(來朝)했을 때, 바로 처형해 야 옳았지만 우리나라의 결의를 몽골 황제에게 알리기 위해 살려 보 냈다. 그때 앞으로 또다시 사자를 보내면 가차없이 처형하겠다고 알 렸건만, 이번에 이를 무시하고 사자를 보낸 건 이미 죽음을 각오한 것이다. 따라서 예고한 대로 이들을 처형해 우리나라의 결의가 얼마 나 굳은지 내외에 알릴 필요가 있다.

두세충 등 몽골 사신 5명은 9월 4일에 모두 참수되었다. 쿠빌라 이는 이후 사신을 보내지 않았다. 그는 동생 아리크브가와의 후계 다툼에 이어 하이두의 반란 등 몽골 내부 문제로 골치를 썩이고 있 었던 데다, 남송 정벌도 막바지에 이르렀던 만큼 일본에 신경을 쓸 여유가 없었다.

## 남송 멸망과 항장 범문호의 대일 항복권유서

1276년 몽골 장군 바얀은 남송의 수도 임안을 함락하고, 황제인 공종(恭宗)와 도종(度宗) 황후, 이종(理宗) 황후를 연행, 대도로 개 선했다. 남송의 주전파(主戰派)들은 황족인 조시(趙昰)·조병(趙昺)

을 차례로 옹립해 피란정권을 세워 저항했으나 몽골군의 격렬한 공격을 받고 3년 만인 1279년에 패망하고 말았다. 주전파의 중신 육수부(陸秀夫)는 아홉 살짜리 황제 조병의 허리에 옥쇄를 묶고 등에 업은 채 애산도(厓山島 : 지금의 마카오 서쪽) 앞바다에 몸을 던져 자결했다. 남송 부흥전쟁의 종말이었다.

이 무렵 쿠빌라이는 일본 재정벌 준비를 다시 서둘러, 그해 2월 양주(揚州)·호남(湖南)·강서(江西)·복건(福建)의 4개 성(省)에 영을 내려 전선 600척을 건조하도록 했다. 이는 남중국 연안 지방의 수군과 조선력을 일본 정벌에 이용하려는 전략이었다. 그해 6월에는 중서성의 동정원수부(東征元帥府)를 통해 고려에 전함 900척을 만들도록 요구했다.

남송이 멸망한 1279년, 항장 범문호(范文虎)는 주복(周福) 등을 일본에 사신으로 파견했다. 사신 일행은 6월에 쓰시마 섬에 도착하여 범문호의 첩장(牒狀 : 여러 사람이 차례로 돌려보도록 쓴 글)을 제출했다. 그 골자는 "남송이 대원(大元 : 몽골)에 멸망당했으니, 일본도 위험하다. 즉각 대원의 명에 따라 통호(通好)하는 것이 상책으로, 만약 내년 4월까지 회답하지 않으면 우리도 대원의 일익(一翼)을 맡아 일본을 공격하겠다"는 것이었다.

주복 일행이 쓰시마 섬에서 하카타로 건너왔지만, 다자이후에서는 범문호와 같은 망국의 신하가 불손하게도 일본에 첩장을 보내는 것은 무례하다면서 사자를 가마쿠라에 보내지 않고 그 자리에서 목을 베었다. 범문호는 남송을 멸망에 이르게 한 매국 재상 가사도의 사위로, 10만의 육군과 수군을 이끌고 몽골군에게 포위된 남송 최대의 요충지 양양성을 구원하러 갔다가 요격을 당하자 대군과 함께 항복해버린 장수였다.

## 가마쿠라 막부의 고려 출격 계획

『고려사』에서는 그냥 지나쳤지만 가마쿠라 막부가 고려에 반격을 감행하려는 계획을 세운 사실(史實)이 있다. 가마쿠라 막부는 1276년 3월경 고려 공격을 위해 선박을 건조하고 뱃사공, 수병에 대한 징용제도의 정비를 명했으며, 그 비용의 부과 및 징수를 쇼니 쓰네쓰케에게 지령했다. 일본 역사에서는 이를 '이국출격(異國出擊)' 계획이라 부른다.

원정군의 본영(本營)은 하카타에 설치되었고, 총사령관에는 쇼니 쓰네쓰케가 임명되었다. 출격에 필요한 선박과 무사들은 규슈 관내에서 조달했지만 부족분은 주고쿠(中國)와 시고쿠(四國)에서 보충하기로 했다.

이 계획에 따라 가마쿠라 막부는 그해 12월 8일, 아키노구니(安藝國)의 슈고 다케다 노부도키(武田信時)에게 "아키노구니의 해변에 영지를 가진 자는 지토·고케닌을 불문하고 뱃사공·수병을 소집했다가 쓰네쓰케로부터 연락을 받으면 즉시 이들을 하카타에 보내도록 하라"고 명령했다.

고케닌들이 인력을 소집하여 가마쿠라 막부의 동원령을 기다렸지만 '이국출격' 계획은 끝내 실현되지 못했다.

그 이유는 당시 일본의 실력으로는 무모한 계획이었기 때문이다. 우선 '이국'인 고려의 상황이 그들에게 전혀 알려져 있지 않았다. 1271년의 「문영 8년 고려첩장」조차 핵심 내용을 파악하지 못해 삼별초의 협력 및 구원 요청에도 가마쿠라 막부는 전혀 응하지 못했다. 그만큼 국제정세에 어두웠다는 얘기다.

3년간에 걸친 삼별초의 대몽 항쟁이 일본의 국가적 위기를 막고 있었다는 사실을 깨달았던들 가마쿠라 막부는 어떤 형식이든 삼별초에 대한 지원을 감행했을 터였다.


## 하카타 만에 축조된 방루

가마쿠라 막부는 '이국출격' 계획과 함께 규슈의 무사들에게 하카타 만 연안에 방루(防壘 : 적의 공격을 막기 위해 쌓은 성이나 진지)를 축조하도록 명했다. 방루 축조는 1276년 3월에 시작되었다. '이국출격' 계획이 무산됨에 따라 그 인력과 물자가 모두 방루 축조에 투입되었다. 공사는 매우 급하게 진행되어 그해 8월에 방루의 외형이 거의 갖춰졌다.

방루 축조 임무는 규슈 전역의 영주들에게 할당되었다. 동원령은 가마쿠라 막부의 지배하에 있는 고케닌은 물론, 그때까지 막부의 지배가 미치지 않았던 비고케닌들에게도 떨어졌다. 그러나 무사들 밑에서 실제로 돌을 나르고 돌담을 쌓았던 건 농민들이었고, 영주들의 방루 축조 비용을 부담한 것 역시 농민들이었다.

방루 축조는 파도가 밀려오는 하카타 만 연안에 밑면의 폭 3.1미터, 전면 높이 2.6미터의 돌담을 쌓은 다음, 그 안에 작은 돌 또는 역토(자갈이 많이 섞인 흙)를 다져넣고, 상면의 폭을 2.6미터로 하는 공사였다. 하구(河口) 등 석축(石築)이 불가능한 곳에는 장애물로 말뚝을 촘촘히 박았다.

이 공사는 서쪽의 이마즈에서 동쪽의 가시이(香椎)까지 규슈 내 9개 주가 각각 분담 구역을 맡아 진행되었다.

하카타 연안의 방루는 바다 쪽을 향한 전면이 석축인 것은 똑같았지만, 뒷면의 소재와 구조 등은 각 지구마다 달랐다. 이마즈 지구의 방루는 앞뒤 모두 석축이고 내부에 석재를 다져 넣은 구조인데, 이키노마쓰바라 지구의 방루는 뒷면이 토축(土築)이었다.

하카타 방루  제1차 여몽연합군 침략 후 일본은 규슈 하카타 해안 일대에 방루를 쌓아 외침을 대비했다.

## 민족 반역자 홍다구

고려 충렬왕은 제2차 일본 원정에 대해서는 적극 참전의 의사를 표명했다. 1223년(고종 10) 이래, 한반도 연안 지역에 자주 출몰하여 약탈을 감행했던 왜구에 대한 응징의 필요성도 없지 않았을 것이다. 하지만 그보다 더 큰 목적은 몽골에 붙은 민족 반역자 홍다구의 방자한 행동을 예방하기 위한 고육지책이었다.

원의 중서성이 1279년 2월 고려에게 전함 900척을 건조하도록 요구했을 때, 고려는 그해 7월 승지 조인규(趙仁規) 등을 파견해 전함 건조를 다짐하면서 홍다구에게 전함 건조의 감독을 맡기지 말아달라고 제청했다. 그 이유는 홍다구가 고려 백성들에게 원한을 사고 있어, 만일 그가 감독한다면 백성들이 뿔뿔이 도망쳐 전함 건조에 차질을 빚을 우려가 있다는 것이었다. 이 제청을 받아들인 쿠빌라이는 곧 홍다구를 소환했다.

홍다구(1244~1291)는 부조(父祖)와 더불어 우리나라 역사상 최악의 민족 반역자였다. 그의 조부 대순(大純)과 아비 복원(福源)은 1231년 몽골군이 고려에 침입하자 싸워보지도 않고 성과 1,300호(戶)를 들어 몽골군에 재빨리 항복했다. 그 후 복원은 서경(西京) 낭장(郎將)으로 복무하면서 반란을 일으켰다가 정부군의 토벌을 받고 몽골로 도망쳤다. 탁월한 처세술로 동경(東京 : 선양)총관이라는 고위직에 오른 복원은 몽골이 고려를 칠 때마다 앞잡이가 되어 갖은 횡포를 다 부렸다.

그러던 그는 몽골에 인질로 가 있던 고려의 왕족 안경공 창을 모함하다가 되레 헌종 몽케가 보낸 군사들에게 맞아죽었다. 몽골의 황족인 왕창의 부인이 몽케에게 복원의 흉계를 직소했던 것이다.

그러나 몽케가 죽고 쿠빌라이의 세상이 되자, 홍다구는 약삭빠르게 쿠빌라이에게 억울함을 호소하여 그 아비의 직책을 계승했다. '주인인 고려를 무는 개'로서의 역할에 충실하여 쿠빌라이의 신임을 받은 그는 관령귀부고려군민총관(管領歸附高麗軍民摠管)이 되어 군사를 이끌고 봉주(鳳州 : 지금의 황해도 봉산)에 들어와 둔전총관부(屯田摠管府)를 세웠다. 1271년 고려 장수 김방경과 더불어 삼별초의 난을 평정하고, 1274년 감독조선관군민총관(監督造船官軍民摠管)이 되어 백성을 괴롭혔으며, 제1차 일본 원정 때 우부도원수로 출전했다.

제1차 원정 때 홍다구는 도원수 흔도와 함께 "육지에서 숙영하고 바로 다자이후를 치자"는 김방경의 계책을 물리치고 귀함했다가 폭풍우를 만나 패전했다. 작전 실수를 범한 흔도와 홍다구는 오히려 김방경에게 증오의 감정을 품고 있었다.

## 김방경과 흔도의 의미심장한 대화

그럼에도 불구하고 흔도와 홍다구가 김방경을 무시하지 못한 이유가 있었다. 1276년 2월, 김방경이 쿠빌라이의 생일을 축하하는 사신으로 연경에 갔다가 쿠빌라이로부터 호두금패(虎頭金牌)를 하사받았기 때문이다. 호두금패를 지닌 사람이 어떤 대우를 받았는지 확실치 않으나 모반죄를 범하지 않는 한 체포되지 않는 따위의 특권을 누린 것으로 보인다.

쿠빌라이는 또한 김방경을 멸망한 남송의 재상들보다 상석에 앉히고 "고려는 의리를 아는 나라이고, 송은 반항하다가 힘이 부쳐 항복한 나라이니 어찌 똑같이 취급할 수 있겠느냐"고 말했다. 쿠빌라이의 교묘한 용인술(用人術)이 엿보이는 대목이다.

귀국하는 김방경을 흔도가 개경의 성 밖까지 나가 맞았다. 다음은 『고려사』 「김방경전」에 기록된 두 사람의 대화 내용이다.

> 흔도가 김방경에게 말했다. "황제께서는 나에게 몽골군을 관할하도록 하고 그대에게 고려군을 관할하도록 했는데, 그대는 매양 일이 있을 때마다 국왕에게 미루고 국왕은 또 그대에게 미루니, 과연 누가 고려군을 관할하고 있는 것이오?"
>
> 김방경이 대답했다. "출정 시에는 장군이 관할하는 것이고, 평화 시에는 국왕의 관할을 받는 것이니, 본래 법이 그렇지 않소?"
>
> 이 말이 끝나자 새끼 새 한 마리가 그들이 앉은 집 뜰로 날아왔다. 흔도는 사람을 시켜 새를 잡아오라고 해 얼마 동안 가지고 희롱하다가 죽여버렸다. 그러고는 김방경에게 "이렇게 하는 것이 어떻소?"라고 물었다.
>
> 이에 김방경은 "농부들이 힘들게 농사를 지어 곡물을 수확하면 이것들이 와락 달려들어 다 쪼아 먹어버리니, 당신이 새를 죽인 것은 역시 백성들을 불쌍히 여기는 뜻에서 그런 것 아니겠소?"라고 말했다.
>
> 흔도가 말했다. "내가 보건대, 고려 사람들은 모두 글도 알고 불교를 믿는 것이 한족(漢族)들과 유사하오. 그래서 매양 '몽골 사람들은 그저 살육을 일삼으니, 하늘이 반드시 그들을 미워할 것이다'라고 멸시하고 있소. 그러나 하늘이 우리에게 살육하는 풍속을 내려준 것이기

때문에 하늘의 뜻에 따라 그렇게 하는 데 불과하니, 하늘은 이를 죄로 삼지 않을 것이오. 이것이 바로 그대들이 몽골 사람들에게 굴복당한 까닭이오."

서로 마음의 칼날을 세운 의미심장한 문답이다. 문맥을 살펴보면 몽골 장수 흔도는 김방경에게 일종의 열등의식을 느끼면서도 고려인에게는 경멸감을 갖고 시비를 걸고 있으며, 김방경은 완곡하게 흔도의 예봉을 비켜가고 있다.

## 쿠빌라이의 교활한 용인술

이런 가운데 김방경에 대한 무고 사건이 잇달아 일어났다. 고려에 들어온 몽골의 민정관(民政官) 다루가치에게 익명의 투서가 날아들었는데, "김방경 등 43명이 반역을 모의하여 다시 강화도로 들어가 대항하려고 한다"는 내용이었다. 재상 유경(柳璥)이 강력하게 변호하여 김방경은 일단 위기에서 벗어날 수 있었다.

그러나 곧 두 번째 위기가 닥쳐왔다. 김방경에게 원한을 품은 전(前) 대장군 위득유(韋得儒)·중랑장 노진의(盧進義) 등이 김방경을 '모반음모죄'로 당시 염주(鹽州)에 주둔하고 있던 흔도에게 무고했던 것이다. 김방경은 제1차 일본 원정 당시 부사 김선이 익사할 때, 위득유가 상관인 김선을 구하지 않았다고 임금에게 아뢰어 그를 파면시킨 일이 있었다. 노진의는 삼별초 정벌을 위해 진도에 갔을 때, 힘써 싸우지 않고 백성의 재산만 약탈했다는 김방경의 상주로 재산이 모두 국가에 몰수당한 바 있었다.

그들의 고발장에는 "김방경이 그의 아들, 사위 등과 함께 왕, 공주(쿠빌라이의 딸 쿠르츠가이미시) 및 다루가치를 없애버리고 강화도로 들어가 반역을 꾀하고 있다. 또 일본 정벌 이후 군 장비를 모두 나라에 반납해야 함에도 불구하고 무기를 자기 집에 감추어두었으며⋯⋯"라고 씌어 있었다.

흔도가 300명의 기병을 인솔하여 충렬왕에게 달려와 김방경을 신문하도록 요구했다. 충렬왕과 흔도가 배석한 신문에서 김방경은 또다시 유경의 변호로 위기를 모면했다. 그러나 이런 국면에 홍다구가 끼어들었다. 그는 '주인을 무는 개'였다. 홍다구는 몽골의 중서성에다 자기를 고려에 보내 김방경을 문초하게 해달라고 특청했다고 한다. 다음은 『고려사』 열전의 관련 기록이다.

> 홍다구는 쇠줄로 김방경의 목을 둘러 죄고 못이라도 박을 듯이 하였고, 또 형장(刑杖 : 죄인을 심문할 때 쓰던 몽둥이)을 가진 자를 꾸짖어 그의 머리를 치게 했으며, 종일토록 알몸뚱이로 세워놓았다. 살을 에는 듯한 날씨에 그의 피부는 얼어 먹물을 뿌려놓은 듯했다.

김방경은 홍다구에게 "나를 죽이려면 죽여라! 부당한 일을 가지고 굴복하지 않겠다"고 맞섰다. 둘은 제1차 일본 원정에 함께 나섰으나 둘 사이는 이미 전우가 아니었다. 홍다구는 두 차례에 걸쳐 혹독하게 고문했지만 혐의 사실을 입증하지 못한 채, 김방경 부자를 대청도와 백령도로 각각 귀양보냈다. 죄목은 '병장기 은닉'이었다. 홍다구는 사람을 보내 쿠빌라이에게 다음과 같이 보고했다.

김방경은 몰래 양곡을 저축하고 선박을 건조했으며 많은 병기와 갑옷을 감춰두는 등 불측(不測)한 짓을 저질렀습니다. 이에 개경 이남의 지리상 요충지를 골라 수비군을 두고 여러 주군(州郡)에도 다루가치를 두었습니다. 김방경과 그 아들·사위·일가 권속들을 대도로 압송해 노예로 만들고, 그 소유지는 몰수해 거기서 나오는 수입을 군량(軍糧)으로 충당하기 바랍니다.

충렬왕은 김방경의 귀양을 보고하기 위해 쿠빌라이에게 사신을 보냈다. 쿠빌라이가 사신 인후(印候)에게 물었다.

"김방경이 갑옷을 얼마나 감추어두었던가?"

"46벌뿐입니다."

"그래, 김방경이 그것을 믿고 반역을 꾀했단 말인가? 고려에서는 주군의 조세를 모두 왕경(王京 : 개경)으로 운반하고 있는데, 배를 만들고 양곡을 저축했다는 말을 무엇 때문에 의심하는 것인가? 또 김방경이 자기 집을 개경에 새로 지었다는데, 그가 반역을 음모했다면 하필 왜 이때 집을 지었겠는가? 빨리 홍다구를 돌려보내고, 국왕은 풀이 자라나는 때를 기다려 여기 와서 보고하도록 하라!"

그렇다고 대도로 소환된 홍다구가 직권 남용으로 처벌을 받은 것은 결코 아니었다. 쿠빌라이는 고려의 큰 기둥인 김방경을 제거하고, 이 사건을 구실로 고려를 몽골의 직할지로 삼으려고 했던 홍다구의 '충성' 또한 가상하게 여겼던 것이다. 한편 쿠빌라이는 김방경도 대도로 불러 다독거리는 것을 잊지 않았다.

쿠빌라이는 대명전(大明殿)에서 신년 축하연회를 열면서 김방경을 승상 다음의 자리에 앉게 하고는 몽골인들이 먹지 않는 흰 쌀밥과 생선국(몽골인들은 가난하지 않으면 생선을 먹지 않는다)을 일부러 차려주면서 "고려 사람은 이런 걸 좋아하지"라며 자상하게 위로했다. 귀국 때는 김방경에게 활·화살·검·백우갑(白羽甲)을 선물로 내렸으며, 일본 재원정에 나서는 장령들 몫으로 활 1,000개, 갑옷 100벌, 솜옷 200벌을 따로 주었다. 쿠빌라이는 이렇게 능수능란했다.

## 남송 멸망의 교훈

1279년, 말기 증세를 보이던 남송이 드디어 멸망했다. 남송 멸망의 교훈은 오늘날에도 반면교사로 삼기에 충분하다. 바로 이런 점에서 남송 멸망의 과정을 간단히 짚어볼 가치가 있다.

1259년 몽골의 제4대 대칸 몽케가 사천성의 진중(陣中)에서 병사했을 때, 악주의 남송군을 포위 공격하던 쿠빌라이는 즉각 남송의 제치사(制置使) 가사도와 화의를 맺고 서둘러 철수했다. 그때가 쿠빌라이에게는 위기였다. 일방적으로 포위를 풀고 퇴각하면 남송군의 추격을 받을 위험이 있었다.

이때 남송의 사령관 가사도는 쿠빌라이의 위기를 감지했음에도 불구하고 화의를 맺고 몽골군의 북상을 내버려두었다. 이 때문에 가사도는 매국노로 『송사(宋史)』 「간신전(奸臣傳)」에 이름이 올라 있다. 그런데도 당시에는 악주를 포위한 몽골군을 격퇴시켰다는 공적이 높이 평가돼 재상으로 임명되었다.

신상필벌(信賞必罰)이 거꾸로 시행되는 나라는 장래가 없다. 남송은 가사도 같은 재상에게 국정을 맡겼기 때문에 황제의 무능과 겹쳐 19년 후에 멸망했던 것이다. 남송 황제 이종(理宗)이 병사한 건 1264년의 일이었다. 이종의 재위 40년 동안 전반에는 사미원(史彌遠), 후반에는 가사도가 정권을 농단했다. 더욱이 황자(皇子)가 없어 이종 사후에 동생 영왕(榮王)의 아들이 가사도에게 옹립되어 도종(度宗)에 올랐다. 도종은 1274년 7월, 남송이 몽골군의 공격으로 위기에 처했을 때 병사했다. 이어 불과 네 살짜리 황자가 즉위해 공종(恭宗)이라 칭해진다.

공종은 2년 후인 1276년, 수도 임안부에서 쫓겨나 도주하다가 할머니인 이종 황후, 어머니인 도종 황후와 함께 붙들려 쿠빌라이에게 무릎을 꿇었다. 이후 남송의 충신들이 어린 황자 둘을 차례로 옹립해 몽골군에 저항하다가, 지금의 마카오 방면까지 쫓겨 가 멸망했다. 이때가 1279년 2월 6일이었다.

그러면 몽골은 어떻게 남송을 공략했을까. 1264년 아리크브가의 반란을 진압한 쿠빌라이가 다시 남송 정벌에 나선 것은 제1차 일본 원정 2년 전인 1272년이었다. 이때 쿠빌라이는 종래의 실패를 거울삼아 최대의 난관 양양성을 공격했다. 이듬해 양양성이 함락된 후 다시 남하해 20년 전에 포위했다가 철수했던 악주성을 점령했다. 이때 남송의 재상 가사도는 고립돼 있던 양양성으로부터 구원 요청을 받고도 묵살했다. 이에 6년간이나 선전했던 수성 장군 여문환(呂文煥)은 몽골군의 신병기 '만자니크(동력을 사용하는 초대형 투석기)'의 공격으로 성벽 일부가 무너지자 부하와 백성들을 살리기 위해 어쩔 수 없이 성문을 열고 몽골군에 항복했다.

1275년 2월, 정예군 13만 명을 동원해 몽골군을 무호(蕪湖)에서 요격하려던 가사도는 전투에 앞서 사위인 범문호가 몽골군에게 항복해버리자 전의를 잃고 허둥대다가 대패를 당하고 말았다. 16년간 정권을 장악했던 가사도는 해임되어 귀양가던 중에 암살되었다. 그 직후 몽골군의 총사령관 바얀에게 건강이 함락되고, 이어 상주(常州)에서도 남송군이 패해 수도 임안부도 무혈 점령당했다. 이후 3년간 계속된 남송군의 저항은 게릴라전 수준에 불과했다.

수도가 개봉(開封)이었던 북송(北宋)이나 양자강 이남으로 쫓겨온 남송은 중국 역사상 경제적으로 가장 번영한 왕조였다. 그러나 북송과 남송은 모두 황제권 보호를 위한 강간약지(強幹弱枝 : 황제 경호부대를 강화하고 야전군을 약화시킴) 정책과 무(武)를 천시한 문치주의(文治主義)로 흘러, 때마침 흥기한 기마민족 국가인 요(遼)·금(金)·원에게 차례로 비단과 돈을 바쳐 국가 안보를 사려다가 끝내 비참하게 멸망하고 말았다.


## 제2차 일본 원정군의 편성

1280년, 쿠빌라이는 몽골의 직할령이던 탐라(耽羅 : 제주도)와 중국 남해안에 조선소를 설치해 약 3,500척의 함선을 건조케 했다. 함선 건조가 마무리되자 쿠빌라이는 경원[慶元 : 지금의 닝보(寧波)]으로 운반시켰다. 이해 8월, 쿠빌라이는 전년도에 창설했던 정일본행성(征日本行省) 도원수에 범문호와 흔도 및 홍다구를 임명했다. 이어 1280년 12월, 고려 충렬왕을 좌승상, 김방경을 도원수로 보임했다. 원래 최고사령관은 정일본행성의 우승상인 아치한이었다.

그러나 아치한이 출항 직전에 신병을 앓아 출항이 연기되었다. 이에 부랴부랴 최고사령관을 아타하이로 교체하는 사태가 벌어졌다. 총사령관의 교체 소동은 훗날 강남군(江南軍)의 약정된 기일 위반으로 이어져 패전의 쓴맛을 보게 된다.

원정군은 합포에서 출진하는 동로군(東路軍)과 양자강 어귀의 경원에서 출진하는 강남군으로 구성되었다. 동로군은 1차 원정 때와 마찬가지로 흔도·홍다구·김방경이 지휘를 맡았고, 강남군은 범문호가 통솔했다. 총병력은 고려·몽골·한족 장병으로 구성된 동로군이 4만 명, 패망한 남송의 장병들로 편성된 강남군이 10만 명이었다. 출진 시기는 1281년 5~6월경으로 잡혔다. 양로군의 집결 시기와 장소는 6월 15일 이키 섬 앞바다였다. 제2차 일본 원정군의 편성과 장비는 다음과 같았다.

| 총사령관 : 정일본행성 우승상 아타하이 | |
|---|---|
| 동로군 | 몽골·한족군 사령관 : 정일본행성 도원수 흔도·정일본행성 도원수 홍다구<br>•병력 1만 5,000명<br>고려군 사령관 : 정일본행성 도원수 김방경<br>•병력 1만 명<br>•뱃사공·수부(水夫) 1만 7,000명<br>•동로군 총병력 4만 2,000명<br>•함선 900척<br>•군량 12만 3,000석(1석은 60킬로그램에 상당) |
| 강남군 | 사령관 : 정일본행성 도원수 범문호<br>•총병력 10만 명<br>•함선 3,500척<br>•군량 40만 석 |

제1차 원정 때와 마찬가지로 주력함은 100~300톤급의 천료주(千料舟)였고, 여기에 발도로경질주(拔都魯輕疾舟 : 상륙정)와 흡수주(吸水舟 : 음료수 적재선)가 뒤따랐다. 강남군의 전함에는 괭이·쟁기·삽 등 농기구와 씨앗 등을 가득 실었다. 이는 일본을 점령한 후 군량을 자체 조달하기 위한 대비책이었다.

강남군은 병력 수만 많았지 실상은 이민 집단이었기 때문에 주력 부대는 자연히 동로군이 되었다.

동로군의 몽골·한족 부대는 대도에서 2개월에 걸쳐 행군해 4월 중순 고려의 합포에 도착, 고려군과 합류했다. 여기서 말하는 한족은 거란족·여진족, 그리고 이들이 각각 세운 요와 금의 치하에 있던 화북(華北) 일대의 호한혼혈인(胡漢混血人)이었다.

한편 남송의 투항병들로 구성된 강남군도 중국 강남의 4개 성과 고려의 탐라에서 건조된 전선들이 속속 경원항 일대에 집결하면서 출항 날짜만 기다리고 있었다. 몽골은 강남 점령 5년 만에 10만 명을 한꺼번에 동원할 수 있는 거대한 해군력을 갖추게 된 것이다. 물론 남송이라는 토대가 있기는 했지만 몽골의 순발력과 조직력만큼은 어떻든 놀랄 만하다.

충렬왕은 그의 희망대로 재원정 직전에 정일본행성의 좌승상을 겸직하게 되었다. 김방경도 흔도·홍다구와 동격인 정일본행성 도원수에 임명되었다. 충렬왕은 동로군이 모두 합포에 집결하자 흔도·홍다구·김방경을 뒤따르게 하고 전군을 열병(閱兵)했다. 이는 제1차 원정 때보다 고려군의 위상이 높아졌음을 의미한다.

그러나 고려군의 사기는 그리 높지 않았던 것 같다. 고려 백성들은 몽골의 수탈로 궁핍에 허덕였고, 특히 두 번에 걸친 전함

1,800척의 건조로 뼛속까지 착취당했기 때문이다. 이로 인해 고려 군민의 건강 및 영양 상태는 극도로 악화되었고, 1279년 말 발생한 전염병은 1281년부터 크게 번지기 시작했다.

강남군 10만의 사기는 더욱 말이 아니었다. 그들은 힘 한번 써보지 못하고 몽골군에게 항복한 100만여 명의 남송 투항병 중에서도 가장 약체 그룹이었다. 쿠빌라이 정부는 엄청난 수의 남송 투항병 중 전투력이 우수한 1급 병사들은 자신의 친위군에 넣거나 중앙아시아 전선에 투입했다. 2급 병사들은 광동(廣東)·광서(廣西) 지역의 산악 토벌전에 보내고, 그 후엔 육상 진공이 가능한 베트남·미얀마 방면 전선에 보냈다.

강남군 병졸들이 휴대한 것은 무기보다는 주로 농기구였다. 그들은 일본 열도 정벌 후에 '농업 이민'으로 투입될 인력이었다. 따라서 제2차 일본 원정에서의 실제 전력은 마산에서 출발한 동로군이라 볼 수 있다.


## 장렬하게 전사한 쇼니 쓰케도키

동로군이 합포를 출발한 날은 1281년 5월 3일이었다. 동로군과 강남군이 이키 섬에서 합류하기로 한 약속 날짜는 6월 15일이었기 때문에 아직 40여 일의 여유가 있었다. 동로군이 거제도에서 머물다가 쓰시마 섬 앞바다에 나타난 날은 5월 21일. 일부 병력이 대명포(大明浦)에 상륙, 쓰시마 섬 수비대를 격퇴했다.

대명포는 지금의 사가(佐賀)라는 것이 통설이다. 사가는 쓰시마 섬

1281년 여몽연합군의 일본 원정로

동쪽 해안의 포구로 예로부터 외국 선박의 정박지로 알려져 있다.

쓰시마 섬에 상륙한 동로군은 이어 이키 섬으로 발진했다. 도중 폭풍우를 만나 장병 130명, 뱃사공 36명이 행방불명되었다. 이키 섬의 아시베(芦邊) 만에 집결한 것은 1281년 5월 26일이었다.

이때 이키 섬의 슈고 대리는 쇼니 쓰케도키(少貳資時)였다. 쓰케도키는 쇼니 쓰네쓰케의 아들이다. 이키 섬의 슈고는 원래 헤이지(平氏)였지만, 1274년 몽골군의 내습으로 멸족되어 그대로 결원(闕員) 상태였다. 가마쿠라 막부는 처음엔 이키 섬을 쓰시마 섬과 함께 버려둘 작정이었다.

그러나 연합군의 제2차 원정이 임박하자 쇼니 쓰네쓰케는 이키 섬을 그대로 내버려둘 수 없다고 판단, 자기 아들 쓰케도키를 슈고 대리로 삼아 이키 섬에 급파했다. 이때 쓰케도키의 나이 열아홉이었다. 그가 100여 기를 거느리고 이키 섬에 도착한 것은 동로군이 침공하기 수개월 전이었다.

쓰케도키는 황폐해진 후나가쿠 성을 보수하여 새로운 방벽을 구축해놓았다. 아시베 만에 집결한 동로군은 후나가쿠 성에 철포와 단궁을 쏘면서 상륙을 개시했다. 일본군은 상륙하는 동로군에게 바위를 굴리고 장궁을 쏘면서 항전했지만 중과부적으로 전멸하고 말았다.

쓰케도키는 7년 전, 불과 열두 살의 나이로 첫 전투를 경험한 용사였다. 그러나 이번에 그는 고립무원의 포위 속에서 온몸에 화살을 맞고 전사했다.

현재 아시베 정(町)의 이키 신사에서는 이 젊은 무사를 제신(祭神)으로 받들고 있으며, 아시베 항 뱃머리 입구에도 그의 기마상이

아시베 항 뱃머리에 세워진 쓰케도키의 동상

세워져 있다. 자신의 아들을 사지로 투입한 총사령관 쓰네쓰케의 결단에서 가마쿠라 무사의 진면목을 엿볼 수 있다.

일본 측 기록에 따르면 몽골군은 일본군을 전멸시킨 후 온갖 포악한 짓을 일삼았다. 그들은 부녀자들을 강간·폭행하는 것도 모자라 임산부의 배를 갈라 태아를 끄집어내는 잔악한 짓까지 저질렀다. 고려와 조선 시대에 한반도를 침입했던 왜구도 이때의 몽골군과 똑같은 만행을 자행했다.


## 치열했던 하카타 만 전투

이키 섬을 점령한 동로군은 10일간 휴식을 취하고 소부대만 잔류시킨 뒤, 6월 6일 하카타 만으로 출격했다. 그런데 상륙정 발도로경 질주를 타고 하카타 만으로 접근하던 동로군은 큰 장벽에 부딪히고 말았다. 동쪽 가시이에서 서쪽 이마즈까지 20킬로미터에 달하는 해안선에 방루가 축조되어 있었던 것이다. 높이 2미터 전후의 방루에는 무수한 깃발이 펄럭이는 가운데 일본군들이 빈틈없이 방어진을 치고 있었다. 여몽연합군은 방루를 뚫는 상륙 작전을 포기했다.

동로군은 즉각 작전을 변경했다. 방루가 없고 수비가 엷다고 판단되는 시카노 섬으로 상륙해 그곳에서부터 나카미치(海中道)를 통해 육지로 진입하려 했다. 시카노 섬의 공략에도 고려군이 앞장섰다. 김방경은 김주정(金周鼎)·박구(朴球)·박지량(朴之亮) 등과 더불어 일본군을 물리치고 적의 목 300여 급을 베었다. 시카노 섬에서는 폭 100여미터에 불과한 나카미치만 건너면 바다 쪽으로 길

겐카이 나다

시카노 섬

사이토자키

나지마

노코노 섬

하카타만

하코자키
하코자키신사

이마즈

하카타

히가시공원

가라토마리

아카사카

방루

벳푸

모모치바라

무로미가와 강

소하라 산

1281년 여몽연합군의 공격로와 일본군의 방어진

게 뻗은 하카타 동북쪽 반도에 상륙할 수 있었다(현재, 시카노 섬은 연륙교가 놓여 하카타 동북부와 연결되어 있다).

　동로군은 300척의 함대를 혼슈(本州)의 서남쪽 항만 나가도로 급파, 규슈와 혼슈 사이의 시모노세키(下關) 해협을 차단했다. 혼슈의 증원군을 저지하기 위해서였다.

　6월 10일 전후로 여몽연합군은 시카노 섬·노코노 섬(能古島)에서 일본군과 교전을 거듭했다. 고려군은 선전했지만 몽골군이 자주 기습을 받은 데다 이키 섬에서 합류하기로 한 범문호의 강남군은 기한이 지났는데도 오지 않았다.

　이런 작전은 일본 측도 예상하고 있었다. 우선 시카노 섬에 상륙한 동로군에게 오토모 요리야쓰(大友賴泰)의 부대가 싸움을 걸었다. 이때 아키다(秋田城次郎)가 이끄는 간토(關東)군이 측면으로부

터 엄호해 동로군을 해상으로 내몰았다. 시카노 섬 쟁탈전은 6월 6
일 밤부터 8일간 계속되었다. 동로군이 하카타 만에서 퇴각한 것
은 6월 13일이었다.

당시의 전황에 대해 『고려사절요』에는 다음과 같이 기록되어 있다.

> 김방경은 6월 8일 일본군과 힘써 싸워 적의 목 300여 급을 베었지만,
> 홍다구는 일본군에 돌파되어 목이 떨어질세라 허겁지겁 패주했다. 왕
> 만호(王萬戶)가 이끄는 궁노(弓弩) 부대의 구원으로 홍다구는 겨우 목
> 숨을 건졌다. 그러나 다음날 6월 9일 전투에서도 패전을 거듭했다. 게
> 다가 진중에 전염병이 나돌았기 때문에 죽은 자가 3,000명에 달했다.

일본 측 기록인 『팔번우동기』에 따르면, 이때 주야에 걸친 전투
로 전사한 몽골군이 1,000여 명에 달했다고 한다. 시카노 섬에서
용맹을 떨친 일본군 무사는 이요(伊豫)의 수군을 거느린 고노 미치
아리(河野通有)였다.

고노 미치아리는 조부가 천황과 막부 간의 싸움에서 천황 진영
에 가담했다가 몰락한 가문의 지위를 어떻게든 만회하기로 결심,
발군의 무공을 올리겠다고 벼르던 인물이었다. 그런 미치아리는
시카노 섬 해전에 아들 미치타다(通忠), 백부 미치도키(通時) 등과
병선 3척에 나눠 타 부대를 이끌고 몽골군 함대로 돌진했다.

몽골 군함은 대형 구조선이었지만 일본 배는 병선이라는 이름만
붙은 무방비의 준구조선이었다. 미치아리는 곧 몽골군의 화살을
맞아 부상을 입었고, 백부 미치도키 등 다수의 전사자가 발생했다.
그는 부상에도 불구하고 병선을 몽골 전함의 뱃전에 붙인 다음 돛

대를 쓰러뜨렸다. 이것을 사다리로 삼아 몽골 전함으로 기어올라 횃불을 집어 던지고 몽골병 한 명을 사로잡아 퇴각했다.

그러나 이러한 국부적 전과로 형세를 만회하지는 못했다. 사실 일본군은 여몽연합군이 발사한 석궁(石弓)에 속수무책으로 당했다. 석궁은 석탄(石彈)을 두레박 식 용기에 담아 날리는 투석기로, 크기가 사람 머리만 해 일본 병선들은 맞기만 하면 단 일격에 격침되었다.

한편 300척의 함대를 구성, 나가도로 향했던 동로군의 일지군(一枝軍)은 다시 두 부대로 나누어 쓰노시마(角島)와 후다이 섬(蓋井島)을 점거했다. 그리고 나가도 도요우라(豊浦)의 도이가하마와 구로이(黑井)의 야쓰가하마에 상륙을 개시한 것은 6월 8일부터 9일에 걸친 양일간이었다.

이때 도이가하마의 경비를 맡고 있었던 나가도의 수비군과 가마쿠라 막부의 직속 무사 마사우에(正上右京亮)의 부대는 3,500명 규모의 몽골군에 패해 고센가하라까지 퇴각했다. 그러나 위급함을 들은 나가도의 슈고군은 간토에서 내려온 아다치 모리무네(安達盛宗) 부대 등의 증원을 얻어 6월 15일 고센가하라 전투에서 몽골군을 물리쳤다.

야쓰가하마에서는 성주 기요야마(清山玄蕃丞)가 일족을 이끌고 나가도 슈고가 파견한 부대와 함께 약 2,000명의 몽골 상륙군을 저지하려 했지만, 성주가 전사한 가운데 일본군은 아쓰모(厚母)까지 퇴각했다. 이 방면의 몽골군도 6월 13일 아쓰모 분지에서 패퇴하고 말았으나 그때까지의 전반적인 전황이 결코 동로군에게 불리하지는 않았다. 다만 강남군과 연합하여 전략적 요충 하카타를 재공략하기로 한 것이 불발로 끝났을 뿐이었다.

## 연합군 함대의 다카시마 근해 집결

이런 상황에서 흔도와 홍다구는 크게 실망해 회군을 논의했지만 김방경의 반대로 연합군 함대는 일단 다카시마(鷹島 : 히젠 이마리 만) 앞바다로 퇴둔(退屯)했다. 강남군은 사전에 약정된 이키 섬이 아닌 히라도(平戸) 섬에, 그것도 근 보름이나 늦게 도착했다. 히라도 섬 앞바다에 도착한 강남군은 하카타 만의 방위가 견고한 것을 알고 마쓰우라(松浦)에 상륙하려 했지만, 이곳도 마쓰라도(松浦黨)의 격렬한 저항을 받고 물러났다.

동로군은 이키 섬에서 히라도 섬 앞바다로 항행해, 7월 상순에야 강남군과 합류할 수 있었다. 이에 따른 작전상의 불협화음이 바로 연합군이 지닌 약점이었다고 할 수 있다.

동로군과 강남군을 총지휘하는 최고사령관은 몽골 장수 아타하이였다. 그는 도원수들을 소집해 일본 본토 공략을 위한 작전회의를 열었다. 공략 목표는 역시 일본 진서군의 본거지인 다자이후였다. 아타하이는 일본군의 반격과 전염병 창궐로 낙오자가 많이 발생한 동로군을 재편성해 하카타 만 공격을 준비했다. 공격 준비를 완료하고 히라도 섬에서 동쪽으로 점차 이동해, 이마리 만 입구인 다카시마 근해에 집결한 것은 7월 27일(양력 8월 19일)이었다. 연합군은 먼저 다카시마를 포위 공격해 점령했다.

다카시마를 점령한 여몽연합군의 다음 공격 목표는 물론 다자이후였다. 고려군은 한때 선봉 부대로 다자이후 진격을 시도했던 것 같다. 그러나 마쓰우라에 상륙해 다자이후로 진격하더라도 도중의 현지 사무라이들의 맹반격이 예상되는 데다 지형상의 어려움도 있

연합군 함대가 집결했던 다카시마 해안

어서 단념했다. 마쓰우라와 다자이후 사이에는 표고 1,000미터가 넘는 세후리(脊振)·덴잔(天山) 산맥이 가로놓여 있다.

다카시마와 마주한 마쓰우라 시 호시시카초(星鹿町) 해안에는 지금도 '니게노우라노 석루(石壘 : 원구방루)'가 보존되어 있다. 당시 이 방루는 1킬로미터에 달했다고 하는데, 지금은 300미터쯤 남아 있다. 바다 쪽의 높이는 약 2미터, 육지 쪽은 높이 약 1미터, 폭 50센티미터이다.

연합군의 대선단이 다카시마 앞바다에 집결해 섬을 점령했다는 정보를 입수한 진서군 사령부는 즉시 하카타 만 일대의 군선을 다카시마 근해로 출동시켰다. 그러나 일본 수군은 4,000여 척에 달하는 연합군 대함대가 떡 버티고 서 있자 감히 전면전을 벌일 엄두를 내지 못했다. 일본 수군이 선택할 수 있는 전술은 연합군이 방심하는 틈을 타 야습을 감행하는 것뿐이었다.


## 태풍—운명의 날

동로군과 강남군의 합류로 전투 대형을 재정비한 연합군은 하카타 만을 향해 진격하려던 순간 뜻밖의 사태에 직면했다. 7월 30일 밤부터 강력한 서북풍이 몰아치기 시작한 것이다. 이는 입춘(立春) 후 210일을 전후해 규슈 일대에 불어 닥치는 강풍이었다.

날이 바뀌어 윤 7월 1일, 양력으로는 8월 23일이었다. 연합군 장병들은 크게 요동치는 함내에서 뱃멀미로 곤죽이 되었다. 태풍은 점점 거세져 집채만 한 파도가 함대를 습격했다. 서북풍이었기 때문에 다카시마 남단과 마쓰우라 사이의 이마리 만에 정박하고 있던 연합군 함대는 정면으로 강풍을 받았다.

연합군 함대는 거친 파도와 바람에 휩쓸려 서로 충돌하거나 해안의 바위에 부딪혀 대부분 바다 속으로 침몰하고 말았다. 다음날 아침, 다카시마 주민들이 목격한 것은 해안으로 떠밀려온 숱한 선박의 잔해와 수를 셀 수 없을 정도의 사체들이었다.

일본 측 기록인 『팔번우동기』에는 "7월 30일 심야부터 건풍(乾風)이 크게 불었다. 윤 7월 1일, 적선이 모두 표탕(飄蕩 : 정처없이 떠돌아다님)하더니 바다에 가라앉았다"라고 기록되어 있다. 건풍은 서북풍을 가리킨다.

연합군 함대는 동로군 900척과 강남군 3,500척 등 총 4,400척이었다. 서북풍이 불기 시작했을 때 다카시마 남단의 바다로 피난을 개시했던 것으로 보인다. 다카시마 남단 해역뿐 아니라 다카시마의 북쪽 해역, 구로시마(黑島) 및 이마리 만 안쪽과 미쿠리야(御廚沖) 앞바다. 겐카이나다 등지에도 산재했던 것으로 추정된다.

태풍의 계절이었던 만큼 바다가 거칠어지는 것은 당연했다. 이런 시기에 '해국(海國)' 일본을 공략한다는 것은 애당초 무모한 작전이었다. 태풍으로 큰 타격을 입은 연합군 중 일부는 바다를 표류하다 간신히 다카시마의 후네가라쓰(船唐津)에서 도코나미(床浪)·도노우라(殿浦)에 이르는 남해안의 뭍에 닿아, 거기서 나무를 베 새로 만든 배를 타고 탈출을 시도했다. 그러나 일본군의 습격을 받고 전원 전사했다.

다카시마에는 다수의 몽골군이 도주해왔는데, 일본군이 그들을 초토화시키기 위해 용면암(龍面庵)이라는 곳에 진지를 설치했다. 전선 사령관은 쇼니 가게스케로 이 구릉지에 '어관(御館)'이라고 쓰인 표석(標石)이 남아 있다. 다카시마의 후네가라쓰와 나카가와바라(中

나카가와 전적지  여몽연합군 궤멸을 기념해 세운 비석.

川原)는 일본군과 몽골군이 치열한 전투를 벌였던 곳이라 한다. 당시 승리한 일본군은 몽골의 패잔병을 다수 참수하여 현재도 '구비노키(首除)'라고 하는 지명이 남아 있다. '원구사적(元寇史蹟) 나카가와격전지(中川激戰地)'라는 기념비에는 다음과 같은 글이 씌어 있다.

전방 일대를 후네가라쓰·나카가와바라라 칭하고, 이곳을 구비노키라고 부른다. 1281년 여름 홍안(弘安) 4년의 역(役)에 상륙했던 원군(元軍)을 맞아 궤멸시켰던 최대의 격전지라고 한다. 구비노키는 적의 목을 겹쳐 쌓은 곳이고, 동쪽의 나카가와바라는 피 묻은 칼을 씻었던 곳으로 전해진다.


## 14만 명 중 겨우 3만 명만 귀환하다

『원사』「일본전」에 따르면 여몽연합군의 함선 대부분이 파괴되고 돌아오지 못한 원나라 군사가 무려 10만 명이 넘었다고 한다. 고려의 군사 및 뱃사공·수부 등은 견고한 고려 함선 때문에 비교적 희생이 적었으나 그래도 7,000명이 돌아오지 못했다.

일본 측 사료인 『팔번우동기』는 태풍 이후의 상황을 다음과 같이 서술하고 있다.

다카시마에 표착(漂着)한 이적(異敵) 수천 인 가운데 일부가 깨진 7, 8척의 배를 수리해 타고 도주했다. 이것을 본 진서군은 쇼니 가게스케의 지휘로 수백 척이 다카시마로 몰려갔다. 배가 없어 도주하지 못한 1,000여 명이 항복을 구걸했지만 모두 붙들어 나카가와(中河) 하구에서 목을 쳤다.

위에 나오는 나카가와는 지금도 다카시마에 그 이름이 남아 있다. 작은 하천에 지나지 않지만 이른바 '몽고습래유적(蒙古襲來遺蹟)'으로 빠뜨릴 수 없는 현장이다. 궁지에 몰린 패잔병들도 최후의 항전을 감행, 일본 군병들도 다수 전사했다고 한다.

다카시마 및 배후의 이마리 만 연안 지역 그리고 미쿠리야 앞바다 방면에 산재해 있던 연합군 함대도 태풍에 의해 결정적 타격을 입었다. 특히 강남군 함선은 구조적 약점 때문에 더욱 피해가 컸다. 중국의 일반적인 함선인 누선(樓船)은 이미 삼국시대(3세기)에 확립되어 비약적인 발전을 거듭했지만 이는 양자강이나 회수(淮水) 등의 수전용(水戰用)이었지, 장거리 항해와 파도에 견딜 수 있는 해전용이 아니었기 때문이다. 연합군 함대가 궤멸됐다는 소식을 들은 진서군은 하카타 만 부근에 포진하여 잔당 토벌에 나섰다.

일본 측 기록에 의하면 이 초토전은 윤 7월 7일까지 계속되었다. 아타하이·흔도·홍다구·김방경·범문호 등 사령관들은 간신히 침몰하지 않은 군선을 타고 고려로 돌아갔다. 『원사』「범문호전」에는 다음과 같이 기록되어 있다.

도원수 범문호는 히라도 섬 근해에서 그가 탄 배가 침몰하여 종일 바다를 표류하며 떠다녔다. 그는 다행히 깨진 배의 선판(船板)에 매달려 목숨을 건졌다. 그리고 잔존했던 함선에 옮겨 탔고, 휘하의 사졸 10여 만 명을 오룡산(五龍山) 밑에 버리고 귀국했다.

범문호의 부하 사졸들의 행방에 대해 『원사』「일본전」에는 다음 과 같이 기록되어 있다.

범문호가 도주한 후 남아 있던 사졸들은 장백호(張百戶)를 주수(主 帥 : 대장)로 삼아 장 총관(摠管)이라 불렀다. 그들은 벌목하여 배를 새로 건조해 이를 타고 귀환을 시도했다. 하지만 7일에 일본군의 공 격을 받아 모두 패사(敗死)하고 나머지 2~3만 명은 포로로 연행되었 다. 9일에 팔각도(八角島)에서 몽골인·고려인·한인은 모두 살해되 고, 당인(唐人 : 남송 군사)은 노예가 되었다. 노예 중 세 명이 겨우 도 망쳐 본국으로 돌아왔다.

승전한 일본군이 몽골인·고려인·한인 포로들은 모두 참수하 고, 남송 출신 포로들만 노예로 삼았다는 대목도 주목된다. 가마쿠 라 막부는 남송 출신 포로들을 일본 동북 지방의 황무지 개척사업 등에 동원했던 것으로 전해진다.

병력 손실에 대해 『원사』「아타하이전」에는 "사(師 : 장병)를 잃 은 것, 10인 중 7, 8인", 같은 책 「세조본기(世祖本紀)」에 "10인 중 한둘만 남았다"고 했고, 『동국통감』에는 "몽골군 중 돌아오지 못 한 자 무려 10만, 고려군 중 돌아오지 못한 자 또한 7,000여 명"이 라고 기록되어 있다. 제2차 원정군의 총병력 14만 명 중 귀환자는 겨우 3만여 명에 불과했던 것이다.

## 일본의 반격에 대비한 여몽 양국의 연안 방어

제2차 일본 정벌이 실패로 돌아가자 원과 고려에서는 일본군의 습격에 대비해 연안 요충지와 탐라의 방비를 군건히 했다. 1281 년(충렬왕 7) 10월, 고려에서는 원과 교섭해 금주·합포·고성·나주 등에 둔진(屯鎭)을 설치했다. 특히 지금의 김해인 금주에 진변만호부(鎭邊萬戶府)를 설치해 해안지방의 방어를 통괄케 했다.

제2차 원정의 패보가 원의 상도(上都)에 머물던 쿠빌라이에게 전해진 것은 윤 7월 28일이었다. 8월 그믐날, 흔도·홍다구·범문호 등은 원으로 돌아가기 위해 개경을 떠났다. 11월 들어 원은 중국 연안의 요지인 경원·상해(上海)·감포[澉浦 : 전당강(錢塘江) 입구] 등지에 정동유후군(征東留後軍)을 분산 배치하고, 탐라에는 몽골과 한인 군사 1,000명을 증강 배치했다. 1282년 1월, 쿠빌라이는 고려에 설치한 정동행중서성(征東行中書省)을 폐지했다. 이는 일본 정벌의 중단을 의미했다.

그러나 이것도 잠시, 쿠빌라이의 일본 정벌 의지는 곧 되살아났다. 그는 그해 2월에 배를 건조하기 위한 목재를 벌채하도록 하고, 9월에는 평란주(平灤州)·양주(揚州)·융흥(隆興)·천주(泉州) 및 탐라에 영을 내려 대소 병선 3,000척을 만들도록 했다. 1283년 1월에 이르러서는 그해 8월을 출병 기일로 정하고 준비를 서둘렀다. 이에 따라 다시 정동행성을 설치해 아타하이를 우승상에 임명하고, 충렬왕에게도 정동행성 좌승상의 직위를 다시 내렸다.

그리고 오위군(五衞軍) 2만과 시위군(侍衞軍) 2만을 정동군에 충원하고, 몽골군에게도 수전에 대비해 철저한 준비를 명령했다. 2차 일본 원정 실패에 뒤이어 또다시 대규모의 일본 정벌 준비를 강행하자, 강남 일대에서는 소동이 일어나고 도둑이 들끓었다.

이에 원의 어사중승 최욱(崔彧)은 "강남에서 도적이 들끓는 이유는 사람들을 모두 붙잡아다가 해선을 만들므로 백성들이 살 수가 없게 된 데서 나온 것이니, 일본과의 전쟁을 중지하는 게 좋겠습니다"라고 아뢰었다. 여론 악화에 몰린 쿠빌라이도 그해 5월에 일단 일본 원정 중지를 명했다.


## 가마쿠라 무사, 그 역투의 진실은?

일본 화가가 그린 〈몽고습래회사(蒙固襲來繪詞)〉는 두 차례(1274년과 1281년)에 걸친 여몽연합군과 일본군의 전투 장면을 사실적으로 묘사한 두루마리 그림이다. 이 그림을 통해 당시 양측 장병의 무기·전복(戰服), 그리고 전함·방루 등을 소상하게 파악할 수 있다. 여기에는 히젠의 고케닌인 다케자키 스에나가(竹崎季長)의 활약상이 담겨 있다.

다케자키 스에나가는 1274년 전투에서 목숨을 걸고 몽골군 진영에 뛰어들어 분전하다가 중상을 입었다. 그러나 막부로부터 은상(恩賞)을 받지 못하자, 가마쿠라까지 올라가 막부의 어은봉행(御恩奉行 : 은상 수여 결정권자)에게 억울함을 호소하여 기어이 은상을 받아낸 인물이다. 이에 고무된 그는 1281년 전투 때도 몽골군 전함에 뛰어들어 적군의 목 두 급을 베는 전공을 세웠다.

〈몽고습래회사〉의 주인공, 스에나가의 활약으로 짐작할 수 있지만 하카타 만의 방어전에 출진했던 무사들은 목숨을 걸고 싸웠다. 가마쿠라 무사들은 무예(武藝) 제일주의였고, 일가의 단결을 제일의 강령으로 삼았다. 그렇다면 가마쿠라 무사들은 모두 멸사봉공, 충군애국의 마음으로 자신의 목숨을 걸고 싸웠던 것일까?

그렇지는 않았다. 은상, 즉 영지를 받는 것이 일본 무사들의 최대 목표였다. 농촌의 영지야말로 무사들의 유일한 생활 터전이었다. 무사들은 그 영지의 이름을 자신들의 성(姓)으로 삼고 목숨을 걸고 지켰다.

따라서 전공이 슈고, 나아가 막부에 인정받지 못했을 때에는 스에나가처럼 사재를 털어서라도 먼 길을 달려 가마쿠라까지 올라가 막부에 호소했던 것이다. 스에나가는 참전하기 전에 이미 경제적으로 몰락한 고케닌이었기 때문에 전공을 인정받지 못하면 가난을 대물림해야 할 처지였다. 그런 만큼 그의 은상 요구는 가히 필사적이었다.

가마쿠라 무사의 분투가 멸사봉공이 아님은 〈몽고습래회사〉의 여러 곳에 나타나 있다.

우선 어디에 가더라도 일본 무사들은 일족의 가문(家紋)을 새겨 넣은 깃발을 세워 반드시 자신의 소재를 드러냈다. 그들은 우군이 없는 곳에서나 밤중에는 함부로 적을 향해 나아가 싸움을 걸지 않았다. 분전 장면을 목격해주는 증인이 있어야 비로소 적과 싸웠던 것이다. 뿐만 아니라 슈고 및 상관의 뜻에 배치된다 할지라도 공명(功名)을 올리기 위해 무작정 적진으로 뛰어들기도 했다.

즉 궁시(弓矢)의 용기 및 충의가 은상이 목적이었음은 명백하다. 따라서 영지를 상속받아 이미 '배부른 무사들'은 은상이 그렇게

❶ 여몽군은 갑옷과 투구가 가벼워 기동력에서 월등했다. 대장은 고지에서 큰북을 쳐서 부대의 진퇴를 지휘했다.

❷ 몽골군은 속사가 가능한 단궁의 화살을 날려 돌격해오는 사무라이들을 저지했다.

❸ 다케자키 스에나가와 그 일당이 출전에 앞서 하카타의 방루 앞을 지나고 있다.

❹ 히젠의 고케닌인 다케자키 스에나가의 분전 모습. 전마선 수준의 일본선을 몽골 전함의 뱃전에 들이댄 뒤 등선 육박전을 벌이고 있다.

절실하지 않았던 만큼 목숨을 걸고 싸우지 않았다. '문영의 역'이 이듬해, 즉 1275년에 싯켄 도키무네가 슈고 오토모 요리야쓰 앞으로 보낸 훈계장에는 그런 사정이 잘 드러나 있다.

작년 이적의 내습 때 전투에 임해서 싸우지 않고, 혹은 자기 영지를 지킨다는 핑계로 달려오지 않은 무리가 많았다. (중략) 향후 만약 충절을 다하지 않는 자가 있으면 엄중히 죄과를 물을 것이다.

### ❀ 수수께끼의 고문서 「고려첩장불심조조(高麗牒狀不審條條)」

지금으로부터 약 700여 년 전 어수선했던 당시 동아시아 정세를 집약한 문서 한 통이 있었다. 바로 「문영(文永) 8년 고려첩장불심조조」라는 수수께끼 문서이다. '문영'은 당시 일본 천황 가메야마(龜山)의 연호이며, '불심조조'는 '문영 8년의 고려첩장' 중에 이해하기 어려운 이상한 부분을 항목별로 정리해둔 메모이다.

「문영 8년 고려첩장」의 원문은 실전(失傳)되었지만, 「고려첩장불심조조」라는 한 장의 고문서는 현재 도쿄대학 사료편찬소에 소장되어 있다. 최근 일본 학계에서는 「고려첩장불심조조」의 문맥으로 미루어 볼 때 당시 진도에 수립되었던 삼별초 정권이 일본에 보낸 국서로 대몽 연합전선을 요청한 내용으로 판단하고 있다. 그러나 내용이 종래 고려 조정에서 보낸 국서와 정반대였기 때문에 교토의 귀족들은 그 취지를 이해하지 못했다.

그 무렵, 일본 조정이나 가마쿠라 막부는 대륙의 정세에 대해 무지했던 것으로 보인다. 몽골 황제 쿠빌라이는 일본 원정에 앞서 통교(通

交)를 요구하는 국서를 잇달아 일본에 보냈다. 고려 원종도 쿠빌라이의 의향에 따르도록 권유하는 내용을 첨부하여 일본 조정에 보냈다. 만약 일본이 통교를 거부하여 쿠빌라이가 원정군을 파견하게 되면 고려는 군선의 건조 및 병사의 징발 등으로 큰 희생을 강요당할 게 뻔했던 만큼, 그런 사태를 미연에 방지하기 위한 노력이었다.

원종이 보낸 편지를 일본에서는 「문영 5년 고려첩장」(1268)이라고 부른다. 서장의 말미에는 '지원(至元) 4월 9일'이라고 기재되어 있다. '지원'이 세조 쿠빌라이의 연호인 만큼 고려 국왕이 몽골 대칸에 신하로 복종하고 있음을 의미했다. 이 국서에서 쿠빌라이 황제의 덕을 예찬하고 있다.

그런데 원종의 국서보다 3년 뒤에 전달된 「문영 8년 고려첩장」(1271)에는 '지원'이라는 연호를 사용하기는커녕 "위취(韋毳)는 걱정할 것 없다"라는 몽골 비하 발언까지 등장한다. 위취는 털이나 가죽용으로 쓰이는 금수(禽獸)로 몽골인을 사람으로 대할 생각이 없다는 지독한 혐오감의 발로이다.

이는 「문영 8년 고려첩장」의 작성자가 반몽 항쟁 인물임을 입증해주고 있다. 삼별초가 진도에 신정권을 수립한 것이 바로 1271년이기 때문에 문제의 첩장은 삼별초 정권의 편지로 추정된다. 「문영 8년 고려첩장」의 내용은 「고려첩장불심조조」를 통해 어느 정도 파악이 가능하다. 이 고문서의 내용은 다음과 같이 요

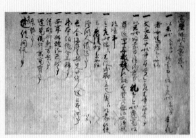

「고려첩장불심조조」 삼별초가 일본에 보낸 것으로 추정되는 고려첩장 중 당시 교토 조정에서 그 뜻을 이해하지 못한 부분을 기록, 정리한 문서이다.

약해볼 수 있다.

1. 이전(문영 5년)에 보낸 첩장에서는 몽골의 덕을 예찬했는데, 이
   번에 보낸 문서에서는 왜 '위취' 운운한 것일까.
2. 이전에 보낸 첩장에서는 '지원'이란 연호를 썼는데, 이번에는
   연호를 쓰지 않은 일.
3. 이전 첩장에서는 몽골의 덕에 귀의(歸依)하여 군신지례(君臣之
   禮)를 운운했는데, 이번에는 강화로 천도한 지 40년이 되는 지
   금, 피발좌임(被髮左衽 : 머리카락을 풀어헤치고 옷깃을 왼쪽으로
   여미는 것으로 미개한 상태를 의미함)은 성현(聖賢)이 증오하는 것
   이니, 마침내 다시 진도로 천도했다고 칭한 일. (후략)

이 고문서의 수수께끼를 해독한 학자는 일본 주오(中央)대학 문학부
에서 고대 및 중세 동아시아 국제관계사를 연구하고 있는 이시이 마
사토시(石井正敏) 씨다. 이시이 씨는 「문영 8년 고려첩장」의 작성자
를 당시 반몽 항전의 중심적 존재였던 삼별초로 지목했다. 다음은 그
의 견해이다.

이는 13세기 일본의 관리 누군가가 문영 8년에 삼별초가 보내온 외
교문서인 「고려첩장」을 3년 전인 문영 5년에 보내온 것과 비교 검
토해서 상이한 점을 몇 가지로 서술한, 이른바 외교 메모이다. 「문
영 8년 고려첩장」에 대해서는 지금까지도 당시 교토 조정에서 벼
슬하던 귀족 요시다 쓰네나가(吉田經長)가 남긴 일기에 조금 남아
있을 뿐이어서, 그 내용은 완전히 수수께끼로 묻혀 있다. 문영 8년

이라고 하면 제1차 몽골 습격 3년 전인 1271년이다. 아시아 전역을 석권한 몽골제국의 침략 바람이 거셌던 가운데 쓰인 「고려첩장불심조조」는 일본 역사뿐 아니라 한반도의 역사 및 동아시아 국제관계사의 한 측면을 밝히는 귀중한 자료이다.

그렇다면 만약 삼별초의 난이 없었더라면 일본의 역사는 어떻게 전개되었을까? 일본 마이니치(每日) 신문에 소설 『몽고습래(蒙古襲來)』를 3년간 연재한 작가 야마다 도모히코(山田智彦) 씨는 다음과 같이 썼다.

만약 삼별초의 난이 일어나지 않았다면 제1차 '문영의 역'은 적어도 3년 빨랐을 것이다. 그랬다면 일본 내습을 실패로 이끈 가미카

〈몽고습래회사〉 여몽연합군과 일본군의 치열했던 전투가 생생히 묘사되어 있다.

제(神風)도 어쩌면 불지 않았을지 모른다. 또 하카타는 물론 규슈의 상당 부분이 점령되지 않았을까. 당연히 제2차 내습인 '홍안의 역' 역시 없었을 것이다. 그리고 더욱 일찍 2차, 3차, 몽골군이 화살처럼 빠르게 습래하여 일본 영토를 잠식해 들어간다. 이런 악몽이 계속 머릿속을 맴돌고 있다.

만약 '이국출격' 계획이 실행에 옮겨졌더라면 결과는 참담한 패전이었을 가능성이 높다. 가마쿠라 막부 하의 일본이 고려를 공격하려면 우선 병력과 군수물자를 수송할 대선단이 필요했다. 그러나 당시 일본의 조선 수준은 아직도 준구조선(準構造船 : 뗏목이나 통나무 쪽배 뱃전 위에 판자를 더 올려붙여서 조립한 배)을 건조하는 정도가 고작이었다.

준구조선으로는 치고 빠지는 왜구 수준의 약탈은 가능하겠지만, 해전은 물론 병참선(兵站線) 유지도 불가능했다. 이는 그로부터 300여 년 후의 임진왜란에서 입증된 사실이다. 일본 해군은 수적으로 우세했으나 이순신(李舜臣) 함대에 번번이 패했다. 조선의 주력선(主力船)인 판옥선(板屋船)이 기능과 강도 면에서 일본의 주력선인 아타케(安宅船)를 압도했기 때문이다.

가마쿠라 시대는 농업을 위주로 한 농본(農本) 체제였기 때문에 농업 이외의 상업·금융·운수 등의 산업 및 해민(海民)은 철저히 탄압받고 소외되었다. 이 때문에 군선(軍船)은 거의 없었고, 바닷사람은 해적으로 간주돼 감시의 대상이었다.

일본 함선의 열등성은 〈몽고습래회사(蒙古襲來繪詞)〉를 보아도 대번에 알 수 있다. 예컨대 하카타 만에서 싸우고 있는 일본 측 배는 농선

(農船)을 방패로 가린 것인데, 노잡이 등 선원은 전혀 무방비 상태였다. 그것은 고려에서 제작한 여몽연합군 측의 대형 구조선(構造船 : 목조를 정교하게 짜 맞춰 배의 골격을 만든 후, 여기에 외판과 갑판을 붙인 배)과 상대가 되지 않았다.

결국 '이국출격' 계획은 가마쿠라 막부가 능력의 한계를 스스로 깨달아 중지했던 것이다.

# 태풍이 할퀴고 간 동아시아

몽골제국인 원은 중원을 정복한 지 불과 90년 만에 막북(漠北 : 고비사막 북쪽)으로 쫓겨났고, 그 후에는 강대국 사이에 끼어 숨도 제대로 못 쉬는 약소국으로 전락했다. 정치에 유연하지 못하고 낙후된 유목민의 사고방식에서 벗어나지 못했기 때문이다. 특히 원나라 말기에는 제위 계승을 둘러싼 분쟁과 라마교 숭배에 따른 퇴폐적 악습에 물들어 상무(尚武) 기상마저도 상실했다. 일본의 가마쿠라 정권도 여몽연합군의 침략 전쟁에 대처하느라 온 국력을 소진해 전후 50여 년 만에 멸망했다.

## '가미카제'는 정말 신의 가호일까?

여몽연합군의 원정은 일본 유사 이래 최대의 국난이었다. 그 이전에도 딱 한 번 대외적 위기가 있었지만, 이는 실제 전쟁으로 이어지지는 않았다.

그것은 663년 백촌강(白村江) 전투의 패전에 뒤따른 위기였다. 백제 부흥군을 지원하기 위해 3만 대군을 한반도에 파견했다가 전멸당하자, 일본은 나당연합군의 반격을 겁내 수도를 옮기고 가상 접근 경로에 새로 여러 성을 쌓는 등 거의 공황 상태에 빠졌다. 그러나 다행히 나당연합군의 공격은 없었다. 전후 처리 문제로 신라와 당이 격돌해 양국이 서로 일본을 자기편으로 끌어들이려는 자세를 취했기 때문이다.

676년 금강 어귀의 기벌포 전투에서 승리한 신라가 당군을 한반도에서 몰아내고 삼국통일의 위업을 달성했을 당시, 일본은 신라에 대해 호의적인 입장을 지켰다. 대륙의 강대국이 한반도를 점령하면 다음 차례는 당연히 일본 열도라는 그들 나름의 안보관(安保觀) 때문이었을 것이다. 이후 일본은 30년간 신라의 문물을 받아들여 천황의 중앙집권체제를 완성했다.

이런 점에서 백촌강 전투 패전 후 일본의 공황 상태는 전 국토를 공포의 도가니 속으로 몰아넣은 여몽연합군의 일본 원정에 비하면 그리 심각한 것은 아니었다. 여몽연합군의 습격은 '무쿠리(몽골)', '고쿠리(고려)'를 비칭(卑稱)으로 삼는 왜곡된 국민감정을 키웠고, '가미카제(神風)'이라는 독선적 엘리트 의식을 배태한 원점으로 일본 민족의 사상 형성에도 헤아릴 수 없이 큰 영향력을 미쳤다.

두 차례에 걸친 몽골제국 침공의 실패는 이후 일본사의 전개에서 매우 중대한 의의를 갖는다.

사실 여몽연합군의 침공에 대해 교토 조정은 물론 가마쿠라 막부도 확실한 대비책을 세우지 못한 채 전전긍긍했다. 가메야마 상황은 이세신궁(伊勢神宮)에 나가 "내 목숨을 국난과 바꾸고 싶다"고 빌었다. 싯켄 도키무네 역시 혈서로 불경을 베껴 나라가 무사하기만을 기원하던 상황이었다.

그러나 두 번의 위기 모두 태풍과 폭풍우로 극복할 수 있었다. 승전 소식이 전해지자 일본 조야(朝野)에서는 귀신과 부처에 대한

가메야마 상황 동상  그는 여몽연합군이 침입하자 신사에 가서 "내 목숨을 국난과 바꾸고 싶다"고 빌었다.

믿음이 한층 더 심화되었다. 그 결과 '대일본은 신의 나라'라는 사상이 번지게 되었다. 훗날 일본제국주의의 바이블이 된 『신황정통기(神皇正統記)』의 서문에도 그 같은 말이 기록되어 있다.

그러나 1274년과 1281년 전쟁 때 불어닥친 바람은 이른바 '신의 바람[神風]'도, 신불(神佛)의 가호도 아니었다. 연합군이 패전한 이유는 계절적 특성을 무시한 원정 시기, 그리고 바다에 약한 몽골군 지휘부의 전략적 실수 때문이었다. 물론 가마쿠라 막부 측에서 전략적 요충지에 석축을 쌓고 인해전술에 대비한 훈련을 철저히 했던 점도 승패에 영향을 주기는 했다.

전쟁의 결과는 일본의 국내 정세에 중대한 변화를 가져왔다. 일단 정치적으로 싯켄 호조 씨의 권위가 더욱 강력해졌다. 그래서 막부의 힘이 미치지 못했던 장원(莊園)이나 공령(公領)의 무사들에게도 명령을 내릴 수 있게 되었다. 또한 규슈 지방에 호조 씨 일족을 슈고로 임명하고, 두 차례 전쟁에 출전한 무사들을 포상하기 위해 하카타에 진서담의소(鎭西談義所)를 설치했다. 이 기관이 훗날의 진서탐제(鎭西探題)로 서일본의 군사권까지 장악하게 된다. 이로써 일본 전역이 거의 막부의 세력권에 들어갔다.

## 고케닌과 마우치비토의 권력 다툼

제8대 싯켄 도키무네는 여몽연합군의 제2차 공격을 물리친 지 3년 후인 1284년 4월 4일, 34세의 나이로 병사했다. 이는 미증유의 국난에 대비해 심혈을 기울인 나머지 젊음을 소진해버린 결과라 말해도 틀리지는 않을 듯하다. 죽은 지 사흘 후에 그는 교토 조정으로부터 쇼고미카(正五位下)에 추증(追贈)되었고, 그로부터 623년째인 1904년(메이지 37)에는 메이지 천황으로부터 주이치이(從一位)에 추증되었다.

도키무네의 죽음으로 제9대 싯켄 자리는 그의 어린 아들 호조 사다도키(北條貞時)가 승계했다. 두 차례에 걸친 전쟁에서 승리한 가마쿠라 막부가 당면했던 문제는 바로 논공행상이었다. 이때 가마쿠라 막부는 경제적으로 중대한 난관에 봉착하고 있었다. 몽골과 고려에 승리를 거뒀지만 한 치의 땅도 새로 얻지 못했기 때문이다. 이는 자비를 들여 출전했던 무사들에게 포상을 해줄 길이 없음을 의미한다.

도키무네 집권하에서 전후처리 문제를 담당한 인물은 고케닌의 대표자인 아다치 야스모리(安達泰盛)와 미우치비토(御內人 : 도쿠소 가문의 가신)의 실세인 다이라노 요리쓰나(平賴綱)였다. 특히 야스모리는 제8대 싯켄 도키무네의 손위 처남으로, 제5대 싯켄 도키요리(도키무네의 아버지) 밑에서 평정중(平政衆 : 군사최고평의회) 멤버로 활약했던 아버지 요시가케(安達義景)의 뒤를 이어 권력의 중추에 있었다. 조부인 아다치 가케모리(安達景盛)는 도키요리에 맞섰던 고케닌의 명문 미우라(三浦) 씨를 멸망시켰고, 그의 딸은 도키

요리의 아버지 도키우지(時氏)에게 출가했다.

아다치 야스모리는 2차에 걸친 여몽연합군 공격의 위기를 극복한 후, 은상 문제에 심혈을 기울였다. 고케닌들이 막대한 전비 부담으로 인해 궁핍해졌고, 이를 구제하지 못하면 가마쿠라 막부는 존립의 기반을 잃게 될 것이기 때문이었다. 더욱이 2차에 걸친 방어전에 성공한 후에도 막부는 여몽연합군의 제3차 정벌에 대비, 규슈 일대 경비를 강화해 재정적으로 파산이 난 상태였다.

이때 야스모리가 가장 주의를 기울인 것은 급부상한 도쿠소 가문 직속 관료인 미우치비토와 경제적으로 몰락한 고케닌의 충돌을 조정하는 일이었다. 그렇다면 미우치비토과 고케닌은 무엇이 다른가를 잠시 짚어볼 필요가 있다.

원래, 도쿠소는 가마쿠라 막부를 세운 쇼군 미나모토 씨의 가신, 즉 고케닌 중의 하나였다. 쇼군 가문인 미나모토 씨는 3대로 끝나고, 이후 가마쿠라 막부는 호조 씨의 도쿠소가 실권자인 싯켄이 되어 지배해왔다. 물론 도쿠소 집권 시대에도 쇼군은 존재했지만 형식적인 하나의 의전용(儀典用)에 불과했다. 이런 실세와 허세의 이중적 구조가 세계사에 유례없는 일본 정치의 특색이다.

도쿠소 권력이 비대해짐에 따라 도쿠소 가문의 가신인 미우치비토가 막부 정치에서 고케닌보다 윗자리를 잠식해가기 시작했다. 이에 비해 중소 고케닌의 몰락은 뚜렷해졌다. 이런 상황에서 고케닌의 대표자임을 자임했던 야스모리는 고케닌 보호에 나서지 않으면 안 된다고 생각했다. 제8대 싯켄 도키무네 사후에 야스모리가 취한 일련의 개혁은 고케닌을 보호하기 위한 정책들로 채워졌다.

그는 공정한 재판을 통해 고케닌들을 구제하고 검약을 장려해 사치를 경계했으며 미우치비토와 크게 관련된 상업 활동을 억제하는 등 막부 정치의 이상을 실현하려 노력했다. 그러나 이러한 일련의 정책은 미우치비토의 이익에 저촉됐기 때문에 그들은 두령인 나이칸레이(內管領) 다이라노 요리쓰나 밑에 집결, 아다치 일족을 말살하려 들었다.

미우치비토의 나이칸레이는 도쿠소 가의 후견인이었다. 이를 확립한 것은 제3대 싯켄 호조 야스도키(北條泰時)였다. 초대 나이칸레이는 비토 가케쓰나(尾藤景綱)였다. 그는 도쿠소 가의 실무 집행뿐 아니라 공적인 정치 분야에까지 손을 뻗쳐 막강한 실세가 되었다. 가케쓰나의 아들이 바로 요리쓰나이다(성씨를 비토에서 다이라노로 바꿈).

제8대 싯켄 도키무네 시대의 나이칸레이인 요리쓰나는 절대 권력을 손에 쥐고 막부 정치에 강력한 발언권을 행사했다. 더욱이 요리쓰나의 처가 도키무네의 적자인 사다도키의 유모였기 때문에 요리쓰나가 사다도키의 양육을 맡았다. 바로 이 사다도키가 겨우 열네 살의 나이에 제9대 싯켄에 취임했다. 아직 세상물정도 모르는 사다도키를 끼고 요리쓰나는 정사를 좌지우지했다.


## 가마쿠라 막부의 멸망

1285년 11월 17일, 사다도키는 요리쓰나로부터 "아다치 야스모리의 적자 무네가케(宗景)가 미나모토 씨로 성씨를 바꿔 쇼군이 되려는 야심을 품고 있다"는 참소를 듣고 야스모리와 그 일족을 토벌하라고 지령했다.

이때 아다치 야스모리는 그런 상황을 모르고 싯켄 사다도키의 공관으로 들어가려다가 미우치비토들에게 저지를 당했다. 이 일로 결국 아다치 일족과 미우치비토 간에 전투가 전개되었다. 이것이 이른바 '상월(霜月 : 11월) 싸움'으로, 야스모리를 비롯한 아다치 일족은 미우치비토의 공격을 받아 멸족되었다. 사건은 전국으로 확대돼 아다치 씨의 한패는 모두 말살되었는데, 그 수가 500명에 이르렀다.

이로써 도쿠소 전제 체제가 확립된 것처럼 보였지만, 이는 실상 가마쿠라 막부 멸망의 전주곡이었다. 여몽연합군과의 전쟁 당시 비용을 스스로 부담한 고케닌들의 생활은 더욱 궁핍해졌다. 고케닌들의 영지는 전쟁 전 1,000정보 이상이던 것이 전후에는 40~50 정보에 불과했고, 심지어는 20~30정보로까지 격감했다.

막부의 기반을 흔든 또 한 가지 이유는 영지를 잃은 고케닌의 무사나 장원에서 쫓겨난 비고케닌 무사들, 그리고 총령(總領 : 가문의 상속자)으로부터 제몫의 토지를 나누어받지 못한 서자(庶子)들이 사당(私黨)을 조직해 슈고 등을 위협할 정도의 세력으로 성장했다는 점이다. 이런 가운데 공정한 정치를 위해 설치되었던 평정중 및 재판의 승소 여부와 명령이 모두 호조 씨 측근에 의해 멋대로 요리되고 있었다.

이렇게 막부의 토대가 흔들리고 있던 무렵, 교토 조정에서는 천황의 후계 문제를 둘러싸고 상황파와 천황파 간에 내분이 벌어졌다. 두 파의 싸움은 천하 대세와 관계없는 만큼 생략하지만 결과는 고다이고(後醍醐) 천황의 승리로 돌아갔다.

고다이고 천황은 상황의 원정(院政)을 폐지하고 친정을 펼치는 등 의욕을 보였지만, 1324년과 1331년 두 차례에 걸쳐 가마쿠라 막부 토벌 계획을 주도한 것이 밝혀짐으로써 외딴 섬 오키(隱岐)로 귀양을 갔다. 막부는 새로 고곤(光嚴) 천황을 옹립했다.

그러나 호조 정권의 독재와 실정(失政)은 무사들의 반감을 사고 말았다. 특히, 미나모토 씨 일족인 닛타(新田) 씨와 아시카가(足利) 씨는 호조 씨 타도의 기회를 엿보고 있었다. 1333년, 마침내 전국 각지에서 호조 정권 타도의 깃발이 올랐다. 이 같은 정세를 간파한 고다이고 천황은 그해 2월 17일 유배지인 오키 섬에서 탈출해 호키(伯耆)의 호족 나와(名和長年)의 영접을 받고 막부 토멸의 기치를 높이 들며 교토로 향했다.

그해 5월, 천황 측의 아시카가 다카우지(足利高氏)가 막부의 조정 감시기관인 교토의 로쿠하라단다이를 함락시켰고 닛타 요시사다(新田義貞)가 가마쿠라를 공략했다. 가마쿠라 무사들은 최후까지 처절하게 항전했으나 대세를 돌릴 수는 없었다. 5월 22일, 제9대 싯켄 사다도키를 비롯한 호조 씨 일족은 불타오르는 가마쿠라 성을 베개 삼아 자결함으로써 가마쿠라 막부는 역사의 무대에서 사라졌다. 여몽연합군의 제2차 일본 정벌전에서 승리한 후, 가마쿠라 막부는 반세기도 견디지 못하고 고다이고 천황의 왕정복고를 지지하는 군대에 의해 토멸되었던 것이다.

## 죽을 때까지 포기하지 않았던 일본 정벌 야망

몽골 황제 쿠빌라이는 1281년의 원정 실패에도 불구하고 별로 아픔을 느끼지 않았다. 피해가 강남군에게 집중되었기 때문이다. 앞에서도 썼지만 강남군은 해외 이민의 성격이 짙었다. 그들을 중국 대륙에 그대로 두어 사회 불안 요인을 키우는 것보다 해외로 방출하는 것이 통치상 유리했을 터이다. 좀 야박한 얘기지만 쿠빌라이의 입장에서는 남송군이 일본을 점령하면 더욱 좋고, 설사 실패하더라도 크게 밑질 것은 없다고 생각했는지 모른다.

그러나 남송에 대한 전후 처리를 마무리한 쿠빌라이는 어느덧 국가 위신을 걸고 중앙정부가 주도하는 세 번째 일본 정벌을 계획하기 시작했다. 이로써 일본에게 치명적인 불행이 도래할 뻔했지만 역사는 그렇게 전개되지 않았다.

1283년 1월, 쿠빌라이는 제3차 일본 원정을 위한 정동행성을 재건했다. 아타하이를 승상으로 임명하고 출정 시기 또한 8월로 잡아놓았다. 이때 고려 충렬왕도 좌승상에 임명되어 군선 1,500척의 건조를 맡았다.

그러나 이 계획은 징병에 반발한 강남의 중국인들이 폭동을 일으켜 일시 중단되었다. 쿠빌라이의 '기민(棄民) 정책'에 대한 반발이었다. 그럼에도 일본 원정을 단념하지 않았던 쿠빌라이는 또다시 징병과 전함 건조 재개를 명해 고려를 경유하여 일본에 출정시킬 신부군(新附軍)을 편성했다.

그러던 1283년 9월과 10월에 광동과 복건에서 반란이 일어났다. 쿠빌라이는 일본 원정을 위해 편성했던 신부군을 반란 진압에 전용(轉用)할 수밖에 없었다. 반란은 그후에도 광동·광서·호남·강서로 파급되었고, 남베트남의 참파왕국 및 북베트남의 안남왕국에서도 대규모의 항전 사태가 일어났다. 쿠빌라이는 1284년 2월, 일본 원정군의 승상으로 임명되어 있던 아타하이를 참파 정복전에 파견했지만 실패하고 말았다.

1284년 4월, 쿠빌라이는 그동안 건조했던 병선들을 강회(江淮)지구로 회항시켜 전투 훈련을 재개했다. 이때 고려에서도 탐라에서 건조한 병선 100척을 동원하여 훈련에 참가했다. 제3차 원정이 실행되면 고려는 군선 650척, 병사 1만 명, 군량 10만 석을 부담할 예정이었다.

그러나 이것도 불발로 그쳤다. 베트남의 참파와 교지에서 새로운 반란이 일어났기 때문이다. 몽골 내부에서도 왕족의 반란이 터졌다. 쿠빌라이 정권 성립의 최대 지원자였던 동방 3왕가(王家)가 타카차르의 손자 나얀을 우두머리로 삼아 외몽골로 침입해 쿠빌라이의 정통성에 도전했던 것이다. 쿠빌라이 정권은 위기를 맞았고, 막북과 만주 전역이 전쟁터가 되었다. 제3차 일본 원정을 위해 대기 중이던 부대도 이 내란 진압에 투입되었다.

이때 제왕(諸王) 합단(哈丹)이 나얀의 반란에 호응했다. 이에 쿠빌라이의 손자 테무르[훗날의 성종(成宗)]가 출정해 공세를 꺾었다. 1290년(충렬왕 16) 1월 합단의 잔당이 두만강을 건너 침입해 길주·영흥·안변 등지를 빼앗고, 이듬해 1월에 철령(鐵嶺)을 넘어 양근(楊根 : 지금의 경기도 남양주시)을 함락시킨 다음 원주로 들어와 치악성(稚岳城)을 포위했다가 고려군에게 대패했다. 패잔군은 다시 남진해 충주산성을 치다가 실패하고 연기현(燕岐縣)에 집결하자 쿠빌라이는 몽골병 1만 명을 파견했다. 여몽연합군은 불시에 적진을 기습해 적을 무찌르고 패주하는 적을 공주강까지 추격해 궤멸시켰다.

5년간에 걸친 내전이 평정되자 쿠빌라이의 동정(東征) 욕망이 다시 꿈틀거렸다. 1292년(충렬왕 18) 7월에 고려의 세자 원〔謜 : 쿠빌라이의 외손이자 훗날의 충선왕(忠宣王)〕이 쿠빌라이의 생일을 축하하기 위해 원에 건너갔다. 이때 쿠빌라이는 다음과 같이 말했다.

"강남의 전함은 크기는 하나 부딪치기만 하면 부서진다. 이것이 전번에 실패한 까닭이니, 만일 고려에게 배를 만들게 하면 일본을 취할 수 있으리라."

홍다구가 죽은 뒤 쿠빌라이를 보좌하던 그의 동생 홍군상(洪君祥)은 "군사(軍事)는 지대한 것이니 먼저 사신을 보내 고려에 문의한 뒤에 행하는 것이 옳습니다"라고 아뢰었다. 쿠빌라이는 홍군상의 진언에 따랐다. 홍군상은 그의 아비나 형과 달리 모국을 음해하지는 않았다.

모국에 차마 못할 짓을 다한 홍다구는 2차 일본 원정 10년 후인 1291년 마흔여덟의 나이로 병들어 죽었다. 그는 나얀과 합단의 반란 때 공을 세워 벼슬이 요양등처행상서성우승(遼陽等處行尙書省右丞)까지 이르렀다.

쿠빌라이는 홍군상의 진언에 따라 사신을 파견해 충렬왕에게 일본 정벌에 대한 견해를 물었다. 충렬왕은 태복령 김유성(金有成)을 선유사(宣諭使)로 삼아 초유(招諭)하는 국서를 주어 일본에 파견했다. 김유성 일행은 일본에서 억류되었다가 그곳에서 피살되었다.

쿠빌라이는 더이상 일본 초유에 기대를 걸지 않고 1293년 8월에

만호(萬戶) 홍파두아〔洪波豆兒 : 홍군상의 형 웅삼(熊三)의 아들〕 등을 고려에 보내 일본 정벌을 위한 조선과 군량을 관장케 했다. 충렬왕은 우선 도지휘사판밀직(都指揮使判密直) 김지숙(金之淑)을 충청도, 지밀직(知密直) 최유엄(崔有渰)을 전라도, 도검의참리(都僉議參理) 김운(金惲)을 경상도로 파견해 전함과 병량을 준비했다. 한편 일본 정벌의 난점을 직접 호소하기 위해 그해 10월에 왕비 쿠츠르가이미시와 함께 개경을 떠나 12월에 대도에 들어갔다. 그러나 바로 해를 넘겨 1294년 1월 쿠빌라이가 80세를 일기로 타계했다. 이때 홍군상은 원의 승상 완택(完澤)에게 일본 원정의 중단을 간언했다. 결국 쿠빌라이의 죽음으로 일본 원정 계획은 완전히 중단되었다.

## 쿠빌라이의 마음을 사로잡은 일본의 황금

그렇다면 쿠빌라이는 왜 그토록 일본 정벌에 집착했던 것일까? 도대체 그 시대 사람들은 멀리 떨어진 섬나라 일본을 어떻게 보았을까? 이에 대한 해답은 마르코 폴로의 구술로 엮어낸『동방견문록(東方見聞錄)』에 잘 나타나 있다(마르코 폴로는 문자를 쓸 줄 몰랐다). 세계 3대 여행서 가운데 하나인『동방견문록』에서 '지팡구'라 기록된 일본의 모습은 다음과 같이 묘사되어 있다.

지팡구는 만지(중국의 중남부)에서 1,500마일 떨어진 바다 가운데의 섬이다. 주민들의 얼굴은 희고 밝다. 우상 숭배자들의 독립국으로,

소유하고 있는 황금이 무한하다. 황금이 국내에서 다량 산출되고 있는데, 국왕이 금의 수출을 금지하고 있는 데다가 대륙으로부터 거리가 멀어 찾아오는 상인도 거의 없어 국외로 유출되지 않았다. 국왕은 장대한 궁전에서 사는데, 지붕은 모두 순금으로 뒤덮였고 유럽의 교회가 지붕을 납으로 잇는 것처럼 금을 사용한다. 게다가 궁전의 포장 및 객실의 테이블은 모두 석판(石板)처럼 금을 깔아놓았다. 더욱이 그것도 손가락 두 개의 두께이다. 창문도 금으로 만들어져 있다. 그들은 풍부한 진주도 가지고 있다. 장밋빛 색깔에 크고 둥글며, 백색 진주와 같은 고가품이다. 이곳에서는 죽은 자들을 매장 혹은 화장하는데, 그때 진주 한 알을 입에 물려주는 풍습이 있다. 이 밖에 다른 보석류도 굉장히 풍부하다.

1274년, 마르코 폴로는 베네치아 상인이었던 아버지를 따라 원의 여름 수도 상도(上都)에 도착해 쿠빌라이를 알현했다. 당시 수도는 대도였지만 쿠빌라이는 여름철이 되면 기후가 선선한 별궁인 상도로 가 머물렀다.

그렇다면 마르코 폴로는 어디서 이런 얘기를 듣고 허풍을 쳤을까? 그는 직접 일본에 건너간 일이 없다. 다만 당시 아라비아 상인들 사이에 중국 대륙 동쪽 바다로 나가면 '와쿠와쿠'라는 나라가 있고, 그곳에서는 무진장 황금이 산출된다. 그래서 개나 원숭이의 목걸이도 황금으로 만들고 황금을 박아 넣은 의류가 판매되며 황금 기와로 성이나 궁전을 만든다는 소문이 번지고 있었다. 마르코 폴로는 이런 루머를 마치 자기가 목격한 것처럼 서술했던 것이다.

'와쿠와쿠'는 왜국(倭國)의 음독(音讀)이다. 유럽인들 사이에서

는 예로부터 동방 바다에 금도(金島)와 은도(銀島)가 있다는 소문
이 있어, 이를 일본으로 오해했던 것이다. 『동방견문록』에서 마르
코 폴로도 "대원국의 쿠빌라이 칸이 지팡구의 엄청난 부를 장악하
기 위해 군대를 파견했지만 큰바람을 만나 실패했다"고 구술했다.

물론 마르코 폴로의 구술은 과장이 심한 편이다. 다만 오슈(奧
州) 어느 사찰의 '금색당(金色堂)'이란 전각에 금칠을 했고, 당시
쓰시마 섬에서 다량의 은이 산출되기는 했다.

일본 문화는 매우 특이하다. 선진 사례를 모방하여 일본 문화를
비약적으로 발전시킨 견당사(遺唐使)는 838년을 끝으로 폐지되었
다. 이후 일본 문화는 자생적으로 발전하게 된다. 그렇다고 일본이
완전히 빗장을 걸어 잠근 것은 아니었다. 다자이후의 하카타 항을
유일한 대외창구로 삼아 당·송으로부터 선진 문물을 받아들였다.
이전에 외국사절의 초대소였던 하카타의 홍려관(鴻臚館)은 외국
상인들의 사적인 접대소가 되었다.

이런 제한적인 교류 때문에 일본은 국제 정세에 어두울 수밖에
없었다. 사실 일본은 일찍이 견당사를 보냈던 시절부터 입당(入唐)
유학생 및 유학승에 대한 송금은 오슈의 금으로 처리했고, 일송(日
宋) 무역에서도 수출품이 금은 가루를 바른 집물(什物) 및 부채 등
이어서, 번쩍번쩍한 황금빛이 눈길을 끌었다고 한다. 『송사』 「일본
전」에도 오슈의 금과 쓰시마 섬의 은이 특필되어 있는 만큼, 일본
과의 무역에 종사하는 중국인 사이에 황금 전설이 퍼진 것은 사실
인 것 같다.

또 가마쿠라 막부 시절에 일본은 청자·백자·비단 등 고급품 및
침향(沈香) 등 남양(南洋)의 특산품을 불교의 경전(經典), 서적 등

과 함께 대량 수입했다. 이때 수입 대금을 금은으로 결제했기 때문에 무역 상대국에게는 대단히 매력적인 나라였다.

한국·일본·몽골의 원류는 모두 유목민족이다. 한곳에 정주하지 않고 목초를 찾아 옮겨 다녀야 하는 유목민족은 스키타이족(중앙아시아에서 인도 북부로 이동하여 왕조를 건설한 여러 종족을 통틀어 이르는 말) 이래 유달리 금을 좋아했다. 왜냐하면 이동 중에 가장 간편하게 휴대할 수 있었기 때문이다. 어쨌든 일본의 황금은 다소 과장된 듯하지만 약탈을 정상적 생계 수단으로 아는 유목민 출신의 쿠빌라이가 일본의 황금을 탐냈다 해도 전혀 이상할 게 없다.


## 일본 원정의 주역, 김방경도 세상을 떠나고

쿠빌라이가 죽은 지 3년 후, 그의 딸이자 고려 충렬왕의 왕후인 쿠츠르가이미시가 세상을 떠났다(충렬왕 23). 그해 5월, 충렬왕과 함께 원에서 귀국한 홀도로게리미실은 때마침 수령궁(壽寧宮)의 작약꽃이 한창 피어 있는 것을 보고 시비(侍婢)를 시켜 가지 하나를 꺾어 오도록 했다. 그런데 이를 잠시 보고 어루만지다가 갑자기 소리 내 울었다. 그날 밤부터 열이 나고 두통이 심해지더니 백약도 효험이 없어 10여 일을 앓다가 마침내 숨을 거두었다. 그녀의 나이 서른아홉이었다.

김방경은 일본 원정에 참전한 뒤 벼슬에서 물러나 초야에 묻혀 살았다. 쿠츠르가이미시 공주가 타계하고 3년 후인 1300년(충렬왕

26), 여든아홉의 나이로 세상을 떠났다. 그는 늙어서도 흰머리가 나지 않았다. 유언에 따라 고향인 경상도 안동에 장사지냈는데, 아직도 그 무덤이 남아 있다. 김방경 장례 당시, 충렬왕은 김방경을 참소하는 말을 믿고 제대로 문상과 부의를 하지 않았는데 이 일을 두고두고 후회했다고 한다.

충렬왕은 쿠츠르가이미시 공주의 소생인 세자 원과의 사이가 악화되었다. 세자는 모후가 병을 얻게 된 것이 투기하는 궁녀들의 소치라 여기고, 당시 충렬왕의 총애를 누리던 궁인(宮人) 무비(無比) 및 그녀와 관련된 환관들, 무녀(巫女), 술승(術僧), 측근 등 50여 명의 목을 베어버렸다.

충렬왕은 몽골인들의 영향을 받아 유별나게 사냥을 좋아했다. 사냥터는 경기도 지역에 그치지 않고 멀리 충청도 지방으로까지 확장되었다. 수렵의 방법으로는 사냥개와 매를 앞세운 치사(馳射 : 말 달리며 활을 쏨)뿐 아니라 화렵(火獵 : 불을 질러 한 곳으로 짐승을 몰아서 하는 사냥)도 즐겼다. 이 때문에 백성들의 벼가 불타 손해를 배상하기도 했다.

이에 공주는 "사냥이 급무가 아닌데도 이것에만 힘쓰니 어찌하렵니까?"라고 충렬왕을 자주 꾸짖었다. 쿠빌라이 딸의 말이었던 만큼 충렬왕은 분함을 느끼면서도 대거리를 하지 못했다. 왕비가 임금을 나무라는 지경이 되었으니 나라꼴이 참으로 한심했다. 어쨌거나 제25대 충렬왕 이후 제31대 공민왕(恭愍王)에 이르기까지 고려 왕의 몸에는 몽골인의 피가 흐르고 있었다.

충렬왕이 사냥을 즐기게 된 까닭 중 하나는 공주의 투기를 피하려는 데 있었다. 그는 사냥을 빙자하여 밖으로 나가 총희(寵姬)들

김방경의 고향 안동에 세워진 신도비

과 질펀하게 놀았다. 특히 무비가 자주 충렬왕을 수행해 공주의 눈밖에 났다. 공주는 때로 무역에까지 손을 대 백성들의 원성을 사기도 했다. 그녀는 인삼과 잣을 공물로 거두어, 이를 중국 강남에서 매매해 큰 이익을 얻었다.

1296년(충렬왕 22, 원 성종 2) 9월에 왕과 공주는 연경에서 거행된 세자 장(璋 : 개명 전의 이름은 원(謜))의 혼사에 참석하기 위해 원에 건너갔다. 신부는 성종의 형인 카마라(甘麻剌 : 훗날 현종(顯宗)으로 추존됨)의 딸 보다시리(寶塔實憐) 공주였다. 충렬왕과 쿠츠르가이미시는 세자의 혼사를 치르고 이듬해 5월 5일에 돌아왔는데, 귀국 보름 만에 쿠츠르가이미시가 세상을 떠나고 말았다. 세자는 서둘러 귀국해 모후의 장례를 치르고 모후의 연적을 싹쓸이했던 것이다.

세자의 지나친 처사에 충격을 받은 충렬왕은 그해 10월 세자에게 왕위를 물려줄 뜻을 성종에게 주청했다. 충렬왕 24년 1월 16일, 왕은 세자 장에게 선위의 교서를 내렸다. 성종은 세자 장을 정동행 중서성좌승상 상주국(上柱國) 고려국왕으로 책봉했다. 새로 왕위에 오른 충선왕(忠宣王)은 부왕에게 광문선덕태상왕(光文宣德太上王)이라는 존호를 올렸다.

그러나 충선왕은 보다시리 공주의 질투 때문에 폐위되고, 충렬왕이 복위하는 사태가 발생했다. 충선왕은 보다시리 공주를 맞이하기 전에 여러 번 세자 비를 맞아들였는데, 원의 공주와 결혼 후에도 특히 조비(趙妃 : 조인규의 딸)와의 금슬이 변치 않았던 듯하다. 이에 보다시리 공주는 조인규 부부를 옥에 가두고 고문하는 등 강짜를 부렸다.

이런 상황에서 전에 충선왕에게 처단된 무비의 패거리가 충선왕의 개혁 정치를 몽골 정부에 모해했다. 이런 왕실 내부의 분란 속에 그해 8월 충렬왕이 복위하기에 이르렀다. 충렬왕은 1308년, 재위 34년 만에 파란만장했던 생애를 마감했다. 그의 나이 일흔셋이었다. 이후 폐위되었던 충선왕이 재위에 복귀했다.


## '일본 불패'의 신화


아베 신조(安倍晉三) 일본 총리는 취임 전인 2006년 4월 15일 이른 아침에 도쿄 구단(九段)에 위치한 야스쿠니 신사를 은밀하게 참배했다. 야스쿠니 신사는 태평양전쟁의 A급 전범들의 위패까지 봉안된 '신국일본(神國日本)'을 상징하는 곳이다. 약 4개월 후인 8월

3일 심야에 아베 측은 야스쿠니 신사 참배 사실을 《산케이(産經) 신문》과 NHK에 슬쩍 흘렸다. 다음날인 8월 4일 새벽 1시, NHK 뉴스를 시작으로 통신사 및 방송국, 그리고 각 신문사가 아베의 참배 사실을 일제히 보도했다.

이런 가운데 아베는 4일 기자회견에서 "갔다거나, 가지 않았다거나, 간다거나를 말하지 않기로 했다"며 관계 사실의 확인을 거부했다.

한국과 중국에 대한 자극을 최소화하면서 자민당(自民黨) 총재 경선에서 표심을 모아 총리대신이 되겠다는 작전이다.

이때 주일 한국대사관 관계자는 "아베 씨를 비롯해 일본의 역사와 전통을 중시하는 분들이 대단히 좋아하는 무사도(武士道)에 반하는 것이 아니가?"라고 코멘트하는 것으로 그쳤다.

군국주의 일본은 '신의 나라'로 무장하여 태평양전쟁을 도발, '가미카제 특공대'까지 동원했지만 '원구' 이래 '일본 불패의 신화'는 깨지고 말았다. 그럼에도 불구하고 일본에서는 제2차 세계대전의 '진짜 원흉은 서구의 제국주의 국가'라는 논리가 득세하고 있다. 다음은 일본의 대표적 사학자 중 한 명인 미야자키 이치사다(宮崎市定)의 견해(「아시아사 개설(概說)」 중에서)다.

…… 일본·독일·이탈리아 3국은 분명 민족적 흥륭기(興隆期)에 있었다. 이를 두려워한 영국·프랑스·미국이 온갖 수단을 강구하여 이들의 활동을 봉쇄하고 기득권을 옹호하려 했던 것이야말로 제2차 세계대전의 진정한 이유가 아닐까.

일본적 군사 문화, 즉 무사 지배체제는 가마쿠라 막부 시대 때부터 확립되었다. 1274년과 1281년, 두 차례 '원구' 침략에 대한 가마쿠라 막부의 전승은 일본적 내셔널리즘의 자궁이자 '일본 불패' 신화의 출발점이 되었다. 1894년 청일전쟁(淸日戰爭)과 1905년 러일전쟁은 '신국 일본 불패' 의 신앙을 더욱 확산시켰다.

일본에서는 그들이 도발한 태평양전쟁에서 궁지에 몰리자, 여몽연합군의 공격에 이은 '제2의 국난' 이라고 말했다. 태평양전쟁에서 패색이 짙어졌을 때 일본인은 '원구' 를 본토 방위의 교훈으로 삼아 호조 도키무네와 같은 강경 자세를 취하는 지도자를 갈망했다. 그래서 가마쿠라 무사의 생활방식을 예찬해 거국일치를 부르짖었고, 최종적으로는 가미카제에 의해 국토 방위가 달성될 것으로 믿었다.

그러나 태평양전쟁 이후, 패전으로 인해 미군이 일본에 진주했다. 외군에 의해 일본이 점령당한 최초의 사건이었다. 그때 점령군 사령관인 맥아더 원수는 칼로 자기 배를 갈라서 자결하는 셋부쿠(切腹)를 사무라이의 미학으로 삼는 일본인들이 무슨 일을 저지를지 모른다는 우려 때문에 도쿄로 직행하지 못했다. 그래서 가마쿠라 근교의 아쯔기(厚木) 군용공항에 조용히 내려 도쿄의 외항(外港) 요코하마의 한 호텔에서 근 한 달간 일본인들의 동정을 살필 정도였다.

그러나 일본인들은 세계사에서 전무후무하게 미국 점령군에게 매우 우호적이었다. 미군의 일본 점령정책은 극히 평화적으로 진행되어 일본 국민들도 이를 군국주의로부터의 해방으로 이해했다. 이 때문에 몽골에 강경노선을 취한 호조 도키무네에 대한 평가도 한동안은 패전 전보다 낮아졌다. 도키무네의 강경책은 도쿠소 전제정치와 국제적 안목의 결여가 부른 독선의 소산이었다는 것이다.

그럼에도 불구하고 조국 방위전쟁을 지도한 싯켄 도키무네의 용기와 지혜는 칭찬할 만한 것이다. 만약 도키무네가 몽골의 국서를 접수하고 쿠빌라이에게 굴복했다면 일본은 고려가 100여 년간 당한 것처럼 몽골에게 유린되었을지도 모른다.

또한 만약에 여몽연합군이 규슈를 점령했다면, 쿠빌라이는 교토 조정을 회유하고 복종시켜 가마쿠라 정권과 대결 구도를 이끌었을 것이다. 그랬다면 몽골에 점령된 서일본과 가마쿠라 막부를 지지하는 동일본 무사단 사이에 빈번하게 전쟁이 일어나 일본 국민들은 도탄에 허덕였을지도 모른다.

이런 차원에서 보면 39년간에 걸친 고려의 끈질긴 대몽 항쟁과 3년간에 걸친 삼별초의 봉기는 여몽연합군 함대를 궤멸시킨 1274년과 1281년의 태풍, 그리고 가마쿠라 무사의 분전 못지않게 일본을 구원한 결정적 힘이었다. 섬나라 일본은 바로 이런 이유들로 1945년 태평양전쟁 패전 때까지 세계사상 유례없이 외침에서 자유로울 수 있었고, 그것이 바로 일본인에게는 행운이었다.

일본인은 1945년의 패전을 계기로 '가미카제' 따위의 주술에서 깨어나 전통적인 '원구론'을 비판하기도 했다. 그러나 패전의 후유증에서 벗어나 세계 제2의 경제대국으로 훌쩍 커버린 일본에서는 이제 'No라고 말할 수 있는 일본'을 부르짖으며 그들의 침략사를 왜곡하고, 태평양전쟁 A급 전범들이 합사된 야스쿠니 신사에 현직 수상과 각료가 잇달아 참배하는 사태가 빚어지고 있다.

이런 일본 국내 상황이 반영된 듯, 두 차례에 걸쳐 '원구'를 극복한 가마쿠라 막부 시대에 대한 국민적 애정이 유별나게 높아지고 있다. 가마쿠라 시대의 무사들은 무예 제일주의를 중시했다. 힘약하면 짓밟히는 세상이었다. 그때 건립된 일본의 신사 등에는 '적국항복'의 편액이 여전히 걸려 있다. 이런 맥락에서 '신풍(神風)', '신사(神社)', '신국(神國)', '천황(天皇)', '정국(靖國)' 등은 벼랑 끝에 선 한일관계사를 이해하는 데 키워드일 수밖에 없다.

# 참고문헌

『고려사』

『고려사절요』

김상기, 『신편고려시대사新編高麗時代史』, 서울대출판부, 1985

『대마도사』

『동국통감』

『동방견문록』

라시드 앗 딘 지음/ 김호동 옮김, 『集史』, 사계절출판사

『원사』

유원수 옮김, 『몽골 비사』, 사계절출판사, 2004

이기백, 『한국사신론』, 일조각, 1999

『익재난고』

스기하라 마사아키, 『몽골世界帝國』

『승본정통사勝本町通史』

『팔번우동기』

宮崎市定, 『아시아史槪說』, 中央公論新社

山田智彦, 『蒙古襲來』, 每日新聞社

森本繁, 『北條時宗과 蒙古襲來99의 謎』, PHP文庫

井上靖, 『風濤』, 新潮文庫

朝比奈宗源, 『北條時宗』, 敎育社

海音寺潮五郎, 『蒙古 오다』上下, 文藝春秋

# 찾아보기